Loa de adoración de Reyes

La espada

La Lealtad de Tenerife

Viera y Clavijo

Obras completas
Rafael Padrón [dir.]

Loa de adoración de Reyes

La espada

La Lealtad de Tenerife

Edición, introducción y notas de
Rafael Padrón Fernández
Rubén Díaz Vega

EDICIONES IDEA

José de Viera y Clavijo
Loa de adoración de Reyes
La espada
La Lealtad de Tenerife

Colección dirigida por: Rafael Padrón Fernández

Comité científico:

Joaquín Álvarez Barrientos (CSIC), Pedro Álvarez de Miranda (UAM), Francisco Andújar Castillo (UAL), Jorge Chen Sham (Universidad de Costa Rica), José Antonio Ferrer Benimelli (UZ), David T. Gies (University of Virginia), Richard Kagan (Johns Hopkins University), Bernard Lavallé (Université Paris III), José Martínez Millán (UAM), Consuelo Naranjo Orovio (CSIC), Miguel Ángel Puig-Samper Mulero (CSIC), Lydia Vázquez Jiménez (UPV)

Directora de arte: Desirée Rosendo

Primera edición en Ediciones Idea: 2024
© De la edición:
   Ediciones Idea, 2024
© De la edición, introducción y notas:
   Rafael Padrón Fernández y Rubén Díaz Vega, 2024

Ediciones Idea

· San Clemente, 24, Edificio El Pilar
38002 Santa Cruz de Tenerife.
Tel.: 922 532150
Fax: 922 286062
· León y Castillo, 39 - 4° B
35003 Las Palmas de Gran Canaria.
Tel.: 928 373637 - 928 381827
Fax: 928 382196
· correo@edicionesidea.com
· www.edicionesidea.com

Fotomecánica e impresión: Gráficas Tenerife, S.A.
Impreso en España - Printed in Spain Este libro protege el entorno
ISBN Obra Completa: 978-84-9941-894-0
ISBN: 978-84-19681-71-3
Depósito legal: TF 23-2024

Sumario

Introducción

El teatro de Viera

De manera general, podemos convenir que la obra dramática de Viera y Clavijo se centró en la traducción y recreación de los modelos europeos, esencialmente franceses.[1] Nuestro autor consideró de mayor calado estas versiones y, de hecho, las dejó consignadas en sus *Memorias*, a modo de panteón literario. No obstante, el polígrafo canario escribió también pequeñas composiciones dramáticas que han sido consideradas por la crítica como producción teatral propia. Es cierto que no representan lo más granado de sus trabajos, pero están marcadas por la gracia de la inmediatez compositiva, dado su cariz efímero o circunstancial.

En la presente edición se recogen dos obras de carácter didáctico destinadas a niños, la *Loa de adoración de Reyes* y *La espada*, y una de carácter patriótico, *La Lealtad de Tenerife*. Se podría discutir el término de teatro «propio» referido a *La espada*, ya que se trata de una versión que Viera realizó partiendo de un original francés, como luego veremos, pero, si tenemos en cuenta el concepto de traducción en el siglo XVIII y las modificaciones que experimenta la versión del polígrafo con respecto a la obra de referencia gala, podemos

---

[1] V. Galván González, *La obra literaria de José de Viera y Clavijo*, Las Palmas de Gran Canaria, Cabildo de Gran Canaria, 1999, p. 305.

otorgar autoría legítima de este texto a nuestro abate, desdibujándose en él los límites existentes entre escritura y traducción, como en el resto de su producción dramática.

Seguimos el orden cronológico de composición de los tres opúsculos que forman parte de este volumen de las *Obras completas* de Viera: la *Loa de adoración de Reyes*, redactada en La Laguna, en 1767; *La espada,* en Madrid, en 1784, y *La Lealtad de Tenerife,* en Las Palmas de Gran Canaria, en 1789.

***

La *Loa de adoración de Reyes* fue escrita por Viera para ser representada la víspera o el día de la Epifanía del Señor por tres de los hijos de Tomás de Nava y Grimón (1734-1779), V marqués de Villanueva del Prado, y su mujer, Elena Benítez de Lugo (1729-1798), en su casa de La Laguna: Alonsito, que contaba por entonces con 9 años, y sus hermanas Catalinica y Antonica María, con 11 y 6 años, respectivamente.[2]

---

[2] Alonso de Nava y Grimón Benítez de Lugo nació el 3 de noviembre de 1757 y falleció el 1 de abril de 1832. Catalina terminó su existencia en 1771, sin haber cumplido los 16 años, según se desprende de la carta que Tomás de Nava escribe a Viera el 30 de marzo de 1771: «Catalinica se nos murió el día 13 del corriente, después de haber sufrido un fuerte tabardillo» (T. L. de Nava-Grimón y Porlier, *Cartas de don Tomás Lino de Nava-Grimón y Porlier, V marqués de Villanueva del Prado, desde La Laguna, a don Joseph de Viera y Clavijo en Madrid,* transcripción del texto original, con preliminar y notas aclaratorias por E. Roméu Palazuelos, La Laguna, Instituto de Estudios Canarios, 1988, p. 22). Esta hija del marqués no aparece registrada en la genealogía de F. Fernández de Béthencourt, *Nobiliario de Canarias,* t. I, La Laguna, 7 Islas, Juan Régulo, 1952, pp. 898-

Se trata de un sainete en un solo acto, compuesto en romance, constituido por 56 versos octosílabos, con rima asonante (-e- en última vocal tónica en los pares y libres en los impares). Estas formas métricas confieren al poema gran fluidez y musicalidad, que van a la par del carácter humorístico de la obra, en la que figuran algunas palabras de carácter coloquial («perrete», «chochos», «pebete»)[3] y una onomatopeya asociada al estornudo («guachí»), acordes al carácter sencillo de la obra y portadoras de mayor cercanía a los niños a los que iba destinada. En ella encontramos además referencias a juegos de cartas como el «burro» y el «tenderete», que inciden en el carácter lúdico de la pieza.

Estamos ante una obrita pergeñada a vuela pluma por parte de Viera, que quiso agradar a los marqueses de Villanueva del Prado con este pequeño drama destinado a sus propios hijos. El interés de nuestro abate por la educación de los niños es una idea que recorre toda su vida, tanto en su etapa tinerfeña, como en la madrileña, la europea y la

---

901. En el Archivo Histórico Diocesano de San Cristóbal de La Laguna hemos podido localizar su partida de bautismo: Catalina Clara Francisca Ángela Tiburcia María de la Concepción nació el 11 de agosto de 1755 y fue bautizada en la iglesia de los Remedios el 19 de agosto del mismo año (*Libro de Bautismos*, t. 23 [1751-1757], fol. 249v). Con respecto a Antonia María, también hay error en Fernández de Béthencourt, al consignar este autor la fecha 15 de diciembre de 1770 como la del día de su nacimiento. En realidad, Antonia María Eufemia Ángela Tomasa de la Concepción nació el 15 de diciembre de 1760 y fue bautizada en la iglesia de los Remedios el 22 de diciembre de ese año (*Libro de Bautismos*, t. 24 [1757-1764], fol. 147v).

[3] A. Sánchez Robayna, *Museo Atlántico: Antología de la poesía canaria*, Santa Cruz de Tenerife, Interinsular Canaria, 1983, p. 22.

grancanaria, acorde al espíritu ilustrado de su época. Hay testimonios de la impronta educativa que dejó en Alonso de Nava, aunque no podemos considerar a Viera preceptor del joven noble, como a veces se ha planteado. Sabemos por las cartas de Tomás de Nava al polígrafo que nuestro abate intervino en algunos aspectos de su educación, especialmente en los días en que asistía a la Tertulia, en la casa de su padre. «Alonso –escribe Nava a Viera en una carta de 14 de octubre de 1771– va ya entendiendo medianamente el Latín y el Francés, y prosigue en su buen genio y aplicación a instruirse, sintiendo la falta que para ello le hace una frecuente comunicación con Vmd.».[4]

El propio Alonso declara en su *Autobiografía* que, además de las explicaciones de las *Fábulas* de Esopo que le daba el marqués de la Villa de San Andrés,

> me acuerdo siempre con gratitud […] de que el insigne don Joseph Viera, que era el mayor amigo de mi Padre, y el alma de la famosa y escogida Tertulia que por muchos años se reunió en mi casa, […] antes de que llegasen los demás concurrentes, pues él era siempre el primero, poniéndome entre sus rodillas, me iba refiriendo por su orden, con la gracia que le era natural, los pasages más interesantes de la historia sagrada […].[5]

---

[4] Vid. T. L. de Nava-Grimón y Porlier, op. cit., p. 35.

[5] A. de Nava y Grimón, *Autobiografía*, Real Sociedad Económica de Amigos del País de Tenerife [en adelante, RSEAPT], ms. 152 (20/16), autógrafo, fol. 8r. Hay dos versiones de este texto: una de Manuel Hernández González (Santa Cruz de Tenerife, Ediciones Idea, 2007) y otra de Manuel de Paz Sánchez (2015), disponible en <https://www.researchgate.net/publication/282861239_autobiografia_DE_ALONSO_DE_NAVA_1757-1832>.

La *Loa*, a diferencia de *La espada*, no tiene un fin moralizante, sino lúdico, con el propósito de que los niños a los que iba dirigida aprendieran a declamar en público, supieran gesticular correctamente, desterraran las supersticiones («casos de brujas y penitentes»), siguiendo el modelo educativo ilustrado. Pero la obra tiene también un segundo plano de contenido, que solo comprenderían el marqués y los miembros de la Tertulia de Nava, y se detecta en los guiños ocultos, muy del estilo de Viera, relacionados con temas de aquellas reuniones y que se manifiestan igualmente en los textos tertulianos, como la *Gaceta de Daute*, la *Relación circunstanciada* o la *Idea de un nuevo congreso*.[6] Así encontramos referencias a elementos locales que se asimilan a otros internacionales, con un fin hilarante, procedimiento recurrente en las obras relacionadas con la Tertulia. De este modo, Telde –localidad donde había nacido Diego Dávila, barón de Pun, *alter ego* de Viera– se equipara con Babilonia, provocando la risa del público, conocedor de las «diabluritas cómicas» del clérigo tinerfeño. Con la complicidad de los niños, se genera el humor habitual del sainete, gracias a los elementos satíricos que entrevera nuestro abate de forma disimulada en esta pequeña pieza teatral.

***

La espada es un drama en un acto, que tiene como referencia *L'épée* de Arnaud Berquin, poeta y prosista francés

---

[6] J. de Viera y Clavijo, *La Tertulia de Nava*, ed., intr. y notas de R. Padrón Fernández, en R. Padrón (dir.), *Obras completas de Viera y Clavijo*, t. 47, Santa Cruz de Tenerife, Ediciones Idea, 2013, p. 37.

nacido en Burdeos, el 25 de septiembre de 1747, y fallecido en París, el 21 de diciembre de 1791.[7] Entre 1773 y 1774, Berquin se instaló en la capital francesa, donde fue preceptor de los hijos de Charles-Joseph Panckoucke (editor de la *Encyclopédie méthodique*), colaborador de periódicos como *Le Mercure de France* y autor de idilios y romances al estilo de Gessner, que alcanzaron un gran éxito. Sin embargo, su trascendencia en la historia de la literatura francesa[8] estaría en su producción en prosa destinada a niños, breves cuentos o historias cortas, en diálogos, y pequeños dramas dirigidos a la infancia. Estas obras tenían un enfoque moral que, de acuerdo con los criterios de la época, enseñaban a los menores sus deberes o les inspiraban el gusto por la virtud y el rechazo al vicio. El libro más conocido de Berquin es *L'ami des enfants*, editado de forma periódica (una vez al mes) en cuadernos de pequeño formato (in 18°) entre enero de 1782 y diciembre de 1783, en 24 números, luego reimpreso en diversas ocasiones. Fue premiado por la Académie Française en 1784 por su utilidad pública.[9] Este texto toma como referencia *Der Kinderfreund*, de Christian Felix Weisse (1726-1804), una publicación semanal, que vio la luz en Alemania entre 1775 y 1784. La literatura infantil, de hecho, había

---

[7] Para su biografía vid. G. Grente (dir.), *Dictionnaire des lettres françaises: XVIIIe siècle*, París, Fayard, 1995, pp. 178-179 y, de forma más amplia y actualizada, la tesis doctoral de A. Baudron, *L'œuvre d'Arnaud Berquin: littérature de jeunesse et esprit des Lumières*, Tours, 2009, pp. 79-100.

[8] Se puede consultar una amplia bibliografía sobre la obra del escritor francés en D. Escarpit, *Arnaud Berquin. 1747-1791. Bicentenaire de* L'Ami des enfants, Pessac, Nous voulons lire, 1983, especialmente, pp. 18-42.

[9] A. Baudron, op. cit., p. 95.

alcanzado por entonces un gran desarrollo en Alemania,[10] superior al de Francia, y Berquin encontró en aquel país uno de sus referentes, utilizando incluso el mismo sistema de publicación periódica que Weisse había promovido para editar su obra.

La crítica, en un principio, puso de relieve que *L'ami des enfants* no era una creación de autoría propia de Berquin, sino que se trataba de traducciones del alemán (especialmente de Weisse, Campe, Salzmann o Schummel) aunque, a decir verdad, el autor francés no ocultó nunca sus referentes germanos. Más tarde, especialmente a partir del triunfo editorial que supuso la obra en los estamentos sociales que podían suscribirse a ella, los analistas literarios ponderaron el valor de la versión de Berquin, destacando la buena adaptación al mundo francés que había dado su autor-traductor. Como señala Angus Martin, la originalidad del texto de Berquin se encuentra en el proceso de selección y reajustes del conjunto, más que en los detalles de la traducción.

La inclusión de un pequeño drama al final de los cuentos en los diversos volúmenes viene señalada en el propio *Prospectus* de enero de 1782, que precede a *L'ami des enfants*. La finalidad era, en esencia, que los niños aprendieran a utilizar la gestualidad, poner un semblante confiado, desplegar una gracia en sus gestos y en sus posturas, expre-

---

[10] A. Martin, «Notes sur *L'Ami des enfants* de Berquin et la littérature enfantine en France aux alentours de 1780», *Dix-Huitième Siècle*, n° 6, 1974, p. 300. Vid. también F. Genton, «Arnaud Berquin (1747-1791) et l'influence des auteurs de langue allemande sur la littérature enfantine française à la fin du XVIIIᵉ siècle», *Révolution, Restauration et les jeunes. 1789-1848. Écrits et images, colloque de Metz (5-7 décembre 1986)*, París, Didier Érudition, 1989, pp. 47-73.

sarse bien en público, mostrar actitudes morales, además de entretener a sus padres:

> Il y aura dans tous les Volumes un petit Drame, dont les principaux personnages seront les Enfants, afin de pouvoir leur faire acquérir de bonne heure une contenance assurée, des grâces dans leurs gestes et dans leur maintien, et une manière aisée de s'énoncer en Public. La représentation de ces drames sera de plus une fête de famille qui servira à leur amusement. Les parents ayant toujours un rôle à y jouer goûteront le charme si doux de partager les divertissemens de leur jeune famille.[11]

L'épée apareció al final de *L'ami des enfants*, en la 3ª edición, en marzo de 1782, nº 3 (París, Bureau du Journal, Imprimerie Veuve Thiboust). La idea de la inclusión de una pequeña obra de teatro al final de cada volumen de los cuentos para niños para ser representada en ámbito familiar está también en Weisse. Los últimos estudios han ido identificando los referentes germanos de cuentos y dramas de Berquin, ya que a veces no coinciden los títulos en alemán y en francés. Hoy sabemos que *L'épée* de Berquin es una traducción de *Der geburtstag*[12] de Weisse (incluida en *Der Kinderfreund*, 1775).[13] En el caso de la versión de Viera, por tanto, nos encontramos ante un trabajo de «retra-

---

[11] A. Berquin, *L'ami des enfants*, t. IV, París, Pissot y Théophile Barrois, 1783, p. vii.

[12] El título completo en alemán es *Der Geburtstag ein kleines Lustspiel für Kinder in einem Auszuge* ('El cumpleaños, una pequeña comedia para niños en un acto').

[13] I. Nières-Chevrel, «Des sources nouvelles pour *L'Ami des enfants* de Berquin», *Revue d'histoire littéraire de la France*, vol. 114, 2014/4, p. 820.

ducción» a partir del francés de una obra alemana. Berquin cambió el título original ('El cumpleaños') por el de 'La espada'. El abate canario, por el contrario, mantuvo el de su referente galo. Berquin, por otra parte, nacionaliza los nombres de los personajes que aparecen en la obra de Weisse (Herr von Dorval > M. d'Orval; Ludwig > Auguste; Friederike > Henriette; Reinold der ältere > Renaud l'aîné; Reinold der jüngere > Renaud le cadet; Blumeau der ältere > Dupré l'aîné; Blumeau der jüngere > Dupré le cadet; Johann > Champagne), de igual manera que hará Viera, españolizándolos, como veremos más adelante.

Tanto los *Cuentos de niños*[14] como *La espada,* que se encuentran en un mismo manuscrito, estaban destinadas a los hijos del marqués de Santa Cruz,[15] un regalo que nues-

---

[14] No nos detendremos en el análisis de la traducción de *Cuentos de niños,* ya abordado por Teresa Acosta y Valeria Aguiar Bobet, así como en los recientes artículos de Jesús Díaz Armas y Patricia Mauclair, que han destacado la importancia de la traducción de estos cuentos en la historia de la literatura infantil española. Vid. J. de Viera y Clavijo, *Obra didáctica,* ed., intr. y notas de T. Acosta Tejera y V. Aguiar Bobet, en Rafael Padrón (dir.), *Obras completas de Viera y Clavijo,* t. 23, Santa Cruz de Tenerife, Ediciones Idea, 2013; J. Díaz Armas y P. Mauclair, «Los inicios de la literatura infantil en España: José de Viera y Clavijo», *Ocnos: Revista de Estudios sobre lectura,* nº 17 (2), 2018, pp. 82-91; P. Mauclair y J. Díaz Armas, «*Literatura ad usum delphini:* José de Viera y Clavijo y su traducción de los cuentos para niños de Arnaud Berquin», *Çédille, revista de estudios franceses,* nº 16, 2019, pp. 347-380.

[15] Cuando hace unos años consultamos el inventario de los legajos del marqués de Santa de Cruz en el palacio de San Bernardino, en Madrid, no conseguimos localizar ningún ejemplar de estas obras. El conjunto de estos documentos, depositado desde 2016 en el Archivo Histórico de la Nobleza (Toledo), sigue en proceso de catalogación.

tro polígrafo quiso hacerles, ya cuando tenía preparados sus baúles para regresar al Archipiélago:

> Como se iba acercando el tiempo de su sensible separación de la ilustre casa de la que había sido familiar durante catorce años, para restituirse a las Canarias y residir su dignidad en la santa iglesia, quiso dejar a los dos hijos varones que tenían ya los señores Marqueses, que eran ahijados suyos, por haberlos sacado de pila, un pequeño monumento de su cariño. Tal fue la obra *El Amigo de los niños*, en dos cuadernos, imitando la que había publicado en francés Mr. Berquin, compuesta de cuentecitos morales, muy a propósito para su instrucción y recreación, tomando también algunas cosas del teatro dramático de educación de Madama de Genlis, y de los *Idilios* del célebre Salomon Gessner.[16]

De ello se deduce que tanto los *Cuentos de niños* como *La espada* fueron redactados en 1784, fecha en que el polígrafo abandona definitivamente la Villa y Corte, en el momento de la despedida de José Joaquín de Silva, marqués de Santa Cruz, que había casado con la condesa austríaca Mariana de Waldstein, con la que tuvo cuatro hijos.[17] Viera había sido padrino de bautismo de los dos

---

[16] J. de Viera y Clavijo, *Memorias*, ed., intr. y notas de R. Padrón Fernández, en R. Padrón (dir.), *Obras completas Viera y Clavijo*, t. 1, Santa Cruz de Tenerife, Ediciones Idea, 2012, p. 148.

[17] José Gabriel de Silva Waldstein (18 de marzo de 1782-4 de noviembre de 1839), que sería el X marqués de Santa Cruz tras la muerte de su padre el 2 de febrero de 1802, bautizado en la parroquia de San Martín, en Madrid, por su tío Pedro de Silva, capellán del convento de la Encarnación; Juan Manuel de Silva Waldstein (nacido el 27 de diciembre de 1783 y fallecido el 14 de agosto de 1809). Luego le seguirían Mariana

primeros, José Gabriel y Juan Manuel, según se confirma en una carta escrita en 1802, que nuestro polígrafo dirigió al primogénito, al enterarse del fallecimiento de su padre:

> Aunque quando me retiré de Madrid para restituirme á estas Islas, dexé á V. E. de solo dos años y médio de edad, y por consiguiente no puede V. E. conservar de mi, sino quizá algunas ideas mui obscuras; estoy sin embargo persuadido de que V. E. sabe mui bien, que pertenecí á su casa por mas de 14 años; que despues de haber estado encargado de la educacion del S.ᵒʳ Marques del Viso D.ⁿ Francisco, hermano de V. E. (que Dios haya) acompañé al Exc.ᵐᵒ S.ᵒʳ su Padre en su viage á Alemánia; asistí á sus desposorios con mi S.ᵃ la Marquesa, Madre de V. E. en Viena; volvi á España con ellos, en su mismo coche; vi nacer á V. E. en Madrid; le saqué de Pila en la Parroquia de S. Martin; y mereci ser objeto de sus primeras inocentes carícias, por que V. E. gustaba mucho de enredar en el quarto de su *Mó*, voz que por entonces quería decir *Padrino* en el gracioso ídioma de aquella tierna edad. Ausente yo de su casa, tenía el S.ᵒʳ Difunto la amable bondad de avisarme, con suma complacencia mia, en casi todos los correos de la Coruña, los progresos que hacía V. E., y el Señorito S.ᵒʳ D.ⁿ Juan, tambien Ahijado mio, en todas líneas.[18]

(14 de noviembre de 1787-12 de enero de 1805) y Pedro (17 de noviembre de 1789-17 de junio de 1855), a los que Viera ya no conocería, tras su regreso a Canarias. Vid. *Breve reseña de la descendencia, apellidos, títulos y grandeza del marquesado de Santa Cruz y del Viso*, ms. mecanografiado, Archivo de los Marqueses de Santa Cruz, en Archivo Histórico de la Nobleza.

[18] Carta de J. de Viera y Clavijo a José Bazán de Silva Waldstein, marqués de Santa Cruz, Gran Canaria, 24 de abril de 1802, en *Copiador de*

No era el primer texto de carácter pedagógico que Viera había compuesto para niños. Sabemos por sus *Memorias* que también había escrito varias obras para su anterior discípulo, el marquesito del Viso, Francisco de Silva, fallecido en Valencia en 1779, tras su regreso de viaje a Francia:

> Deseando D. José Viera proporcionar al carácter y género de talento de su discípulo algunas útiles materias de instrucción, compuso sin pérdida de tiempo las siguientes obritas: *Idea de una buena lógica*, en diálogos; *Compendio de la ética o filosofía moral; Nociones de cronología, épocas, eras, lustros, lunaciones*, etc.; *Epítome de la historia romana; De la historia de España; De la historia eclesiástica*, en diálogos. Todo en el año de 1771.[19]

La espada trata de un niño, llamado Agustín, perteneciente a la nobleza que, en el día de su cumpleaños, recibe de su padre, D. Juan de Órbigo, una espada como regalo, advirtiéndole este que hay que saber llevarla y utilizarla, y haciéndole prometer a su hijo no cometer desmanes con ella. Ese día recibe a sus amigos Ramón, Jacinto, Diego y Manuel, pertenecientes a familias menos acomodadas. Agustín comienza a ufanarse de tener una espada, haciendo gala de su poder aristocrático por encima de sus amigos. Su hermana, Susana, planea algo para avergonzar al joven por su actitud: pide a Agustín la espada, diciéndole que va a poner un lazo pero, en realidad, cambia la hoja por una pluma de ave. Una vez devuelta la espada, Agustín desen-

---

algunas cartas familiares, escritas por D. José Viera y Clavijo [1772-1803], t. IV, Archivo Acialcázar, fols. 17r-17v.

[19] J. de Viera y Clavijo, *Memorias*, op. cit., p. 73.

vaina para enfrentarse contra sus amigos, en alarde de señorío. Estos, al ver la pluma sujeta al puño de la espada, se burlan del muchacho. D. Juan de Órbigo entra en escena para reprender a su hijo y acaba regalando la espada a Ramón, tras mostrar este su valía y madurez. La fiesta continúa en la casa, pero Agustín tiene que retirarse a sus aposentos solo, aprendiendo una lección. En *La espada*, como en los *Cuentos*, son los niños quienes, a través de sus diálogos, resuelven las situaciones y los padres aparecen para marcar la ejemplaridad.

En cuanto a contenido, de forma general, la versión de Viera no cambia el de su referente francés. Las modificaciones se advierten más en los enfoques metodológicos a la hora de traducir. Lo más reseñable en estos cambios es que el polígrafo canario elimina en su traducción cualquier referencia a la burguesía, presente en la obra de Berquin, posiblemente teniendo en cuenta a quienes iba dirigida la obra de teatro, los hijos del marqués de Santa Cruz.

El drama plantea, como tema principal, que la verdadera nobleza se encuentra en la virtud y no en el simple hecho de haber nacido en el seno de una familia aristocrática. No era la primera vez que Viera abordaba esta idea, ya que en la *Traducción de la Sátira V de Boileau sobre la nobleza*[20] –trabajo que nuestro autor realizó en 1771 en Aranjuez, durante uno de los numerosos traslados de la corte realizados por Carlos

---

[20] «Traduccion de la Sátira V de Boileau, sobre la Nobleza», en *Coleccion de algunos Opúsculos Poéticos de D. J. V. C.*, Biblioteca Municipal Central de Santa Cruz de Tenerife, ms. 22, fols. 2r-6r. Está recogida también en J. de Viera y Clavijo, *Colección de poesías*, ed. anotada de M. de Paz Sánchez, Puerto del Rosario, Archivo General Insular del Cabildo de Fuerteventura, 2012, pp. 29-34.

III a los Reales Sitios– también se trata este asunto. La obra, escrita por Boileau en 1665, intenta probar que la verdadera nobleza radica en la virtud y no en el nacimiento. Era un tema que ya había surgido desde la Antigüedad. Un buen ejemplo de ello es la Sátira VIII de Juvenal, donde su autor realiza una taxativa condena del orgullo de los aristócratas. Boileau establece claramente dos categorías de nobles: los que, gracias a sus propios méritos, han sabido conservar la gloria de sus antepasados y los que, mantenidos por el dinero y una ufana genealogía, han caído en la corrupción de las costumbres y en la más indolente zanganería. En el verso «La Vertu, d'un cœur noble est la marque certaine»,[21] que retoma la máxima de Juvenal de la «Nobilitas sola est atque unica Virtus», queda sintetizada perfectamente la idea central de la sátira del escritor francés. Este tópico fue recogido también en la literatura española por algunos poetas de influencias juvenalianas como Quevedo, quien se burla en sus implacables sátiras de aquellos hidalgos infatuados con su abolengo. El interés que Viera mostró por realizar esta traducción de Boileau se debe relacionar, sin duda, con su etapa biográfica en Madrid, en la que, a juzgar por la correspondencia mantenida con el marqués de la Villa de San Andrés, el clérigo canario se mostró crítico frente a la frivolidad manifiesta de ciertos individuos de la nobleza ociosa como los Medina Sidonia o los Arcos, que pasaban la vida «comiendo, paseando, cortejando, hablando necedades y pudriéndose del tedio»,[22] frente a una nueva nobleza intere-

---

[21] N. Boileau «Satire V à Monsieur le Marquis de Dangeau» en *Œuvres de M. Boileau Despreaux*, t. I, París, David-Durand, 1750, p. 45.

[22] Carta escrita en Aranjuez, fechada el 24 de mayo de 1771, en J. de Viera y Clavijo, *Vos estis Sol. Epistolografía íntima*, Madrid, CSIC, 2008, p. 76.

sada en aprender los nuevos conocimientos que traían las luces del siglo.

Esta concepción de una nobleza de espíritu superior a la nobleza de sangre la vemos reflejada igualmente en *L'épée*, cuando Berquin escribe en la intervención de M. d'Orval en la escena II «[...] Ainsi, je vois bien de petites gens parmi les nobles, & bien des nobles parmi ce que tu appelles les petites gens» (p. 209) y Viera, que comparte con el francés esta idea, traduce por «[...] y por esa regla, no dudes q.ᵉ hai mucha gentecilla entre los nobles, y mucha nobleza en los que tu llamas canalla», a lo que añade libremente «[...] Tu buena conducta solam.ᵗᵉ es la q.ᵉ te hará digno de llevar esta espada. Hela aqui, pontela...» (fol. 1v).²³

En *La espada* de Viera este concepto aparece de nuevo, adaptado al aprendizaje moral de los niños. Sin embargo, nuestro abate elimina las diferencias estamentales entre aristocracia y burguesía, como ya hemos indicado, presentes en Berquin, para centrarlo en dos tipos de nobleza: la de espíritu y talento, frente a la de la soberbia y altanería.

Es interesante destacar que la intención de Viera de traducir esta obra, así como los *Cuentos de niños*, y difundirlos para la educación de los jóvenes, es acorde con la que se tenía en otros países europeos (Alemania, Francia e Inglaterra), adelantándose con en este aspecto a otros autores de literatura infantil en España.²⁴ Como señalan Pa-

---

²³ Citamos a partir de la edición de 1783 (París, Pissot y Théophile Barrois, t. I, pp. 205-234). Las referencias de la versión de Viera remiten al manuscrito autógrafo, aunque este carece de foliación. Mantenemos la grafía original en ambos casos.

²⁴ P. Mauclair y J. Díaz Armas, art. cit., p. 349. Para la recepción de Berquin en nuestro país, vid. C. Bravo Villasante, «Berquin en Espagne», en D. Escarpit (dir.), op. cit., pp. 64-68.

tricia Mauclair y Jesús Díaz Armas, *La espada* avanza bastante en años a la considerada la primera obra teatral española destinada a niños, *El niño desobediente* (1837), de Juan Eugenio Hartzenbuch.[25]

Por otra parte, hay que tener en cuenta que hay un lapso de tiempo muy amplio entre la fecha de redacción (1784) y de publicación de *Cuentos de niños*, veinte años después, cuando Viera se encontraba en Las Palmas, había traído la primera imprenta a Gran Canaria y promovía la impresión, desde su cargo como director de la Real Sociedad Económica, de sus propias obras con carácter didáctico, dirigidas a un público infantil, como *El librito de la doctrina rural*, *Las cometas*, *Noticias del cielo o astronomía para niños*, etc. Nuestro arcediano en la impresión de *Cuentos de niños* quiso seguir el sistema de suscripciones que había establecido Berquin en Francia con las entregas periódicas.

La obra, según indica el propio Viera, empezó a imprimirse en 1803 y continuó en 1804.[26] La fecha de impresión viene refrendada además por una posdata de una carta de Viera a Lope Antonio de la Guerra, escrita en Las Palmas y fechada el 17 de octubre de 1803, en la que le dice: «Aqui se han embullado á imprimir por subscripcion unos *Cuentos de Niños, que instruyen divirtiendo*, los quales compuse yo en Madrid para la educacion de ciertos señoritos. Sale un pliego todos los sábados».[27]

---

[25] Ibíd., p. 348.

[26] Biblioteca de la Universidad de La Laguna (Fondo Antiguo, RCAN 28).

[27] J. de Viera y Clavijo, *Copiador de algunas cartas familiares...* ms. cit., t. IV, Archivo Acialcázar, fol. 19r.

Si cotejamos el manuscrito autógrafo de *La espada* y la edición impresa (pp. 235-251 de *Cuentos de niños*), podemos ver que no hay diferencias reseñables entre ambas, por lo que debemos suponer que la edición príncipe de principios del XIX se hizo a partir de la copia autógrafa de Viera, en la que hay algunas pequeñas enmiendas a erratas del polígrafo (fol. 3v), hecho manifiesto por la utilización de otro tipo de tinta más oscura para la corrección.

En cuanto a la traducción en sí de *La espada*, se evidencia tanto en Viera como en Berquin, al igual que en *Cuentos de niños*, un lenguaje sencillo, con algunos coloquialismos, que lo aproximan a sus lectores, los niños. En este sentido, Díaz Armas y Mauclair indican que «apuesta claramente por una aproximación a la familiaridad del habla oral, alejándose de la lengua literaria»[28] en su traducción.

Siguiendo la tipología de traducción establecida por Inmaculada Urzainqui,[29] podemos identificar algunos métodos de traducción utilizados por Viera en *La espada*.[30] Uno de los más habituales es la «traducción-abreviación», ya que el escritor canario cree oportuno suprimir algunas partes del texto, eliminando lo que considera menos rele-

---

[28] J. Díaz Armas y P. Mauclair, art. cit., p. 87.

[29] I. Urzainqui, «Hacia una tipología de la traducción en el siglo XVIII: los horizontes del traductor», en Mª L. Donaire y F. Lafarga (eds.), *Traducción y adaptación cultural: España-Francia*, Oviedo, Servicio de Publicaciones de la Universidad de Oviedo, 1991, pp. 623-638.

[30] P. Mauclair y J. Díaz Armas (art. cit., p. 371), aplicando los tipos de traducción planteados por Urzainqui, señalan en las conclusiones de su trabajo que los procesos de traducción más habituales en los *Cuentos de niños* son los de «traducción-selección» (con tendencia a la reducción), «traducción-corrección», «traducción-abreviación» y «traducción-nacionalización».

vante. De esta manera, decide prescindir de determinados fragmentos de las intervenciones de los personajes, así como algunas acotaciones que aparecen en el texto original. Siguiendo tal procedimiento, encontramos que, mientras que la escena I da inicio a la obra sin ninguna supresión o reducción, en la escena II (pp. 209-210), el traductor decide eliminar la sexta y séptima intervención de M. d'Orval (Juan de Órbigo en el texto en castellano), así como la sexta de Auguste (Agustín en la versión española):

M. D'ORVAL
Que parlois- tu donc tout-à-l'heure d'épée et de plumet au chapeau? Crois-tu que les vraies prérogatives de la noblesse consistent dans ces miseres-là? Elles servent à distinguer les états, parce qu'il faut bien que les états soient distingués dans le monde. Mais l'état le plus élevé n'en avilit que davantage l'homme indigne de l'occuper.

AUGUSTE
Je le crois, mon papa. Mais ce n'est point m'avilir, que d'avoir une épée & de la porter.

Otro ejemplo de reducción se puede ver en la novena intervención de M. d'Orval en la misma escena II, que reza «A merveille. Mais n'oublie pas surtout ce que je t'ai dit. Adieu» (p. 210), mientras que Juan de Órbigo en la versión española solo dice «Vamos a otra cosa» (fol. 1v).

La escena III se desarrolla sin ningún cambio, mientras que tres de las acotaciones que figuran en la IV de *L'épée* –«(*Henriette qui a entendu les derniers mots, pousse un cri.*)», «(*en montrant son épée.*)», «(*Il veut la tirer du fourreau.*)» (p. 212)– desaparecen en *La espada* de Viera (fol. 2v). Asimismo, reduce nuestro autor la undécima intervención de Henriette (Susana en su traducción) y suprime el decimosegundo, decimotercero, decimocuarto y decimoséptimo parlamento de la joven, a la par que también elimina la undécima, duodécima, decimotercera, decimocuarta y decimoséptima intervención de Auguste.

La escena V se escribe sin ninguna supresión o reducción, en tanto que en la escena VI Viera se toma la licencia de eliminar gran parte de la única intervención que, en este caso, es la de Henriette:

> Le petit insolent! de quel ton il me parle! Par bonheur, j'ai l'épée. C'est un instrument bien placé dans la main d'un petit garçon aussi querelleur! Oui, oui, attends que je te la rende. Mon papa ne te connoît pas comme moi; il faut que j'aille lui conter... Ah! le voici! (p. 218).

El texto se queda así en español: «Haya insolentillo como él. ¡Qué bravatas echa! Vale que yo tengo su espada y no se la he de dar hasta que mi padre no sepa todo lo que aquí ha dicho. Pero mi padre llega» (fol. 3r).

La escena VII presenta la reducción de la tercera intervención de M. d'Orval (Juan de Órbigo), que originalmente sentencia «Le petit écervelé! s'il veut s'en servir pour ses premiers exploits, ils ne tourneront pas à sa gloire, je t'en réponds. Donne-moi cette épée» (p. 220). Viera en su traducción simplifica todo en: «Me alegro de saberlo. Vaya, dámela acá y vete tú a hacer tu lazo, pues me parece que suben ya por las escaleras» (fol. 3v).

En la escena VIII se elimina la primera intervención de Dupré l'aîné (Diego, en su traducción) y aparece una reducción en el cuarto parlamento del niño, siendo originalmente «Fi, Monsieur d'Orval! Si vous trouvez audessous de votre dignité de vous entretenir avec nous, pourquoi nous faire inviter? Nous n'avions pas desiré cet honneur» (p. 222), y quedando en castellano como «Así es; vámonos de aquí» (fol. 4r). Asimismo, nuestro abate decide suprimir completamente el décimo parlamento de Renaud l'aîné (Ramón) y la tercera intervención de Renaud le cadet (Jacinto, en español), la decimosegunda y decimotercera actuación de Auguste, la séptima de Dupré l'aîné (que corresponde con el final de la escena), además de varias pequeñas acotaciones. En la siguiente escena, la IX (pp. 225-226), encontramos igualmente la eliminación de las acotaciones y en la X (pp. 226-228) desaparecen por completo la segunda y tercera actuación de Auguste, el primer parlamento de Renaud l'aîné, el primero y segundo de Dupré l'aîné, y se prescinde de algunos elementos de la primera acotación de la escena. Berquin escribe: «(*Ils se regardent les uns les autres, en s'asseyant en silence. Auguste sert quelque chose aux deux petits, après s'être servi lui même si copieusement, qu'il ne reste rien pour les deux aînés.*)» (pp. 226-227) y Viera traduce: «(Siéntase Agustín y los otros se quedan admirando en silencio su grosería, pues solo da un poco de bollo a los más chicos y él se come todo lo restante.)» (fol. 4v), intentando simplificar el texto.

Seguidamente el polígrafo canario toma la determinación de incluir las escenas XI y XII del original francés en la X, abreviando aún más el drama para darle quizás así una mayor agilidad y espontaneidad a la lectura del mismo. Con respecto a la escena XI (p. 229), nuestro traductor vuelve a suprimir por completo las tres últimas interven-

ciones (Dupré le cadet, Renaud le cadet y Renaud l'aîné).
En relación con la XII del original francés (pp. 230-231),
Viera decide eliminar también la primera intervención de
Dupré le cadet y la segunda de Renaud l'aîné y efectuar
algún cambio de diálogos entre los personajes. En la escena
XI del texto español (que corresponde con la XIII de su refe-
rente galo), no hay mayores supresiones de parlamentos de
los personajes, solo de algunas acotaciones.

La «traducción-nacionalización» o «connaturalización»
es otro proceso que se aprecia en toda la obra, ya que Viera
decide acercarla más a la realidad de su país. La primera
seña de nacionalización que se puede apreciar en *La espada*
(utilizando el mismo procedimiento que Berquin con respecto a Weisse, en el trasvase del texto alemán al francés)
es la adaptación de los nombres galos al español, como ya se
ha indicado. De esta forma, Auguste pasa a ser Agustín, M.
d'Orval es Juan de Órbigo, Henriette es Susana, Dupré
l'aîné es Diego, Dupré le cadet es Manuel, Renaud l'aîné es
Ramón, Renaud le cadet es Jacinto y Champagne es
Campuzano. Asimismo, desaparece la ubicación del desarrollo del drama en París, dando con ello el traductor un carácter más general al relato.

En la escena VII, Berquin hace referencia a uno de nuestros personajes literarios más conocidos: «Ayez au moins la
bonté de la retenir jusqu'à ce qu'il soit devenu moins turbu-
lent. Je viens de le trouver ici, comme Dom Quichotte,
s'escrimant tout d'estoc & de taille, & menaçant de faire ses
premières armes contre ses camarades qui viennent le voir»
(p. 219). Viera completa la referencia: «Porque es muy loco.
Yo lo encontré aquí hecho un D. Quijote de la Mancha,
esgrimiendo contra el viento y amenazando a los amigos que

vengan a jugar con él» (fol. 3v). Seguidamente, en la escena VIII encontramos otro proceso de nacionalización: mientras que Renaud le cadet dice «Ah, c'est de l'argent, je parie (*Il compte dans sa main.*). Deux ou trois écus, n'est-ce pas?» (pp. 223-224), Viera hace hablar a Jacinto con mayor precisión de las monedas españolas: «Pues habrán sido pesitos duros. ¿Uno? ¿Dos? ¿Tres doblones?» (fol. 4v).

En la escena X, el autor canario decide introducir un guiño a Cervantes, al decir Manuel «No haya miedo que con tales armas mate ningún moro Hamete» (fol. 5v), haciendo referencia a Cide Hamete Benengeli, el supuesto historiador musulmán que aparece en *El Quijote*. Berquin en la escena XII (pues recordemos que Viera incluye las escenas XI y XII en la X) no hace ninguna alusión al respecto cuando Dupré le cadet afirma «Il ne fera de mal à personne avec ses armes terribles» (p. 231).

En la escena XIII, Berquin muestra cómo M. d'Orval regala finalmente la espada a Renaud l'aîné, diciéndole «[…] Pour gage de mon estime & de ma reconnoissance, acceptez cette épée; mais je veux d'abord y remettre une lame plus digne de vous» (p. 233). Sin embargo, Viera en su escena XI (que corresponde a la XIII del texto francés), queriendo mantener el mismo ambiente caballeresco, añade una nacionalización cuando Juan de Órbigo sentencia «[…] y así por testimonio de mi estimación y prenda de mi reconocimiento, quiero que usted reciba esta espada, en cuya empuñadura voy a hacer poner una hoja toledana» (fol. 6r).

La «traducción-recreación» es el proceso por el que el traductor en el oficio de sus funciones decide regirse por unos parámetros estéticos de gusto personal o marcadas por la sociedad del momento.[31] Pese a que todo el texto podría considerarse una recreación de Viera, resulta de interés señalar algunos ejemplos representativos de esta práctica traductora:

La intervención de Agustín, y único texto, en la escena III, está llena de licencias que se toma nuestro abate para traducir a Berquin, puesto que mientras el francés escribe:

> Bon! me voici enfin un parfait Chevalier. Qu'il me vienne maintenant de ces petits bourgeois! Plus de fa-miliarité, dès qu'ils n'ont pas d'épée; & s'ils le prennent mal, allons, flamberge au vent! Mais, alte-là. Voyons d'abord si elle a une bonne lame. (*Il tire son épée, & prend un air furibond.*) Je crois que tu te moques de moi, mon petit bourgeois? Une, deux! Ah! tu veux te défendre! A mort, canaille (p. 211).

Viera traduce:

> Esto se entiende parecer uno caballero: que vengan ahora para acá esa gente ordinaria! No haya miedo q.ᵉ yo haga caso de ninguno, y si me enfadan... Santiago y a ellos (toma su espada mui furioso). Quítateme delan-te, menestralillo, una, dos, tres, muere gran bribon, plebeyo... (fol. 2r).

De este modo, resuelve traducir «petits bourgeois» por «gente ordinaria» en su primera aparición y por «menestra-lillo» en la segunda. Además, cambia «canaille» por «gran bribón» y «plebeyo» al final de la intervención.

---

[31] I. Urzainqui, «Hacia una tipología de la traducción en el siglo XVIII...», op. cit., p. 635.

En la escena IV, en la quinta actuación de Agustín, Viera añade la expresión «requiem eternam» (fol. 2r), ausente en la obra berquiniana, incorporando nuevos elementos al texto. Más adelante, en el décimo parlamento de Agustín, nuestro abate decide eliminar todo elemento crítico contra la burguesía que aparece en Berquin, como ya hemos señalado: mientras que el francés escribe «Bon! C'est de vil sang bourgeois. Cela n'a ni cœur, ni épée» (p. 214), el español apuesta mejor por «Quién, ellos? Ellos han de tener valor, ni sacar la espada?» (fol. 2v). Además, en la duodécima intervención de Agustín, incluye nuevos matices, que dejan la acotación como «(Quítase la espada y el viricú, y se pone a mirarla despacio.)» (fol. 3r), cuando en la original se lee «(*Il détache son ceinturon, & regarde l'épée de tous les côtés.*)» (p. 216).

La primera acotación de la escena VIII en la obra francesa reza «(*Auguste entre le premier, & le chapeau sur la tête; les autres marchent derriere lui, la tête découverte.*)» (p. 220). Viera, por su parte, decide traducirla como «(Salen todos los chicos, y delante de ellos Agustín con su sombrero encasquetado.)» (fol. 3v). Seguidamente, en la quinta intervención de Agustín sustituye el «vous» que utiliza Berquin por un «tú», dando mayor cercanía a los personajes. Además, la quinta intervención de Ramón (Renaud l'aîné), que fue escrita por Berquin como «Laissons-le s'ennuyer avec sa noblesse, si vous m'en croyez» (p. 222), es traducida por Viera como «Pues quedese vm. solo con su nobleza», añadiendo «[…] porq.ᵉ nosotros nos irémos a donde se nos trate mejor» (fol. 4r).

La segunda intervención de Agustín en la escena XI (que pertenece a la X de Berquin) se ve marcada por la traducción de «petit bourgeois» por «plebeyuelo» en un nuevo intento de Viera por hacer desaparecer cualquier crítica a la clase burguesa.

Finalmente, en la escena XII (que corresponde con la XIII del francés), Viera traduce «[...] Dès le premier instant de notre arrivée, Monsieur votre fils nous a si mal reçus...» (p. 232) por «[...] Su hijo de vm. desde que entramos, empezó a jugarnos morizquetas, y...» (fol. 5v), en palabras de Ramón. En la siguiente intervención, esta vez de Juan de Órbigo, traslada al castellano «[...] Il y a long-temps que je soupçonnois son imprudence; mais je voulois voir par moi-même à quel excès il pouvait la porter» (p. 233) por «[...] Bien me había yo recelado de su malicia y por lo mismo le he regalado una espada, cuyos filos no harán q.ᵉ corra sangre», cambiando la palabra «imprudence» por «malicia», en un nuevo caso de licencia recreativa de su traducción.

En general, como ya hemos adelantado, vemos una clara intención por parte de Viera de utilizar un lenguaje sencillo, adaptado a los niños, con expresiones coloquiales españolas. Un ejemplo de ello lo encontramos en la escena I: «Mais chut, je vais le savoir. Voici mon papa» (p. 207), traducido como «Pero chiton... Aquí viene Papá» (fol. 1r). También en la escena IV, mientras Berquin escribe «Est-ce que je ne suis pas Chevalier? Si l'on ne me rend pas tous les respects qui me sont dus, *pan*, un soufflet! Et si le petit bourgeois veut faire le méchant, l'épée à la main» (p. 213), Viera anota «Yo soi un caballero, y el q.ᵉ me perdiere el respeto, Plum, cuchillada en él [...]» (fol. 2r). Y otro ejemplo, en la misma escena, en palabras de Auguste: «Oh! je veux bien me moquer de

ces petits drôles; tirailler l'un, pincer l'autre, les houspi-
ller de toutes les manieres» (p. 214), que queda en español como «Bravo caso haré yo de ellos; pellizcaré a uno,
daré a otro un tiron de orejas, y soplamocos a todos»
(fol. 2v).

En la escena I de su versión, en el monólogo de Agustín,
el abate canario traduce «[...] Cela me vaudra encore
quelque chose de mon papa» (p. 207) por «[...] y puede ser
q.ᵉ mi padre me haga algun regalito» (fol. 1r), insertando
un diminutivo que recuerda a la forma de hablar de los
niños.

También se aprecia en la versión del polígrafo un interés para que la lectura de su traducción no resulte un
simple calco de la lengua francesa, incorporando para
ello nuevos elementos que dan vivacidad a su obra. Así,
en la última intervención de M. d'Orval –«[...] Pour
vous, Monsieur (*en s'adressant à Auguste*) ne vous avisez
pas de sortir d'ici; vous pouvez y célébrer tout seul votre
fête. Vous n'aurez jamais d'épée, que vous ne l'ayez bien
méritée, quand il vous faudroit vieillir sans la porter»
[p. 234])–, Viera escribe: «[...] Entre tanto, vengan ustedes a mi quarto; y tu Agustin, quedate en el tuyo, y
celebra solo tus días, con la advertencia de que no has
de ceñir espada, hasta q.ᵉ la hayas merecido, aunque
vivas mas q.ᵉ Matusalen» (fol. 6r).

***

El argumento de *La Lealtad de Tenerife* se enmarca en la
guerra de sucesión española, tras la muerte de Carlos II,
concretamente en el intento del contralmirante John Jen-

nings de invadir la isla para la causa austracista y conseguir su adhesión al pretendiente Carlos de Habsburgo, frente al partido borbónico, a cuya cabeza estaba Felipe de Anjou. Inglaterrra estaba coaligada en la guerra con los Austrias aunque, en realidad, miraba más por sus propios intereses y lo que quería ante todo era el desgaste de los dos partidos para reducir el poder de Francia y, al mismo tiempo, el del imperio austríaco, a la vez que conseguir puntos estratégicos para las rutas comerciales británicas.

El episodio transcurrió el 6 de noviembre de 1706. La escuadra de Jennings estaba compuesta por trece barcos que, con la estratagema de la utilización de banderas francesas en sus mástiles, querían tomar por sorpresa la plaza de Santa Cruz de Tenerife. Dado que el capitán general, Agustín de Robles Lorenzana, se encontraba en Las Palmas de Gran Canaria, el corregidor José Antonio de Ayala y Rojas tuvo que tomar el mando y defender el puerto, con la ayuda de Gregorio Samartín, gobernador del castillo principal de la localidad (el de San Cristóbal), de Francisco Tomás de Alfaro, coronel de caballería de la isla, que se encontraba en La Orotava, y de otros miembros de la nobleza. Tras varios intentos de Jennings de tomar la plaza, decidió mandar una lancha a tierra con bandera de paz y un cabo inglés a bordo para pedir audiencia. A este se le vendaron los ojos, según era costumbre, y se le introdujo en el castillo donde estaba el corregidor y la nobleza de la isla. El cabo leyó una carta escrita por el contraalmirante, mostrándose amigo de los españoles y prometiendo que no habría repercusiones contra quienes se sometieran voluntariamente al rey Carlos. La contestación del corregidor fue que seguirían siendo fieles vasallos de Felipe V. Tras recibir esta respuesta, Jennings, considerando el daño que se le podía ocasionar a su escuadra ante el constante fuego recibido, decidió retirarse.

El ataque de Jennings fue recogido por Viera en su *Historia de Canarias*, considerándolo como «el símbolo de la más exacta fidelidad canaria» a los Borbones, destacando la participación de la nobleza en el rechazo a la invasión, «mostrando todos con gran fineza en esta acción, no siendo el que menos lo expresó el marqués de Villanueva del Prado».[32] En una nota aclara que este era Alonso de Nava y Grimón, II marqués, «uno de los sujetos de más reputación que hubo jamás en Islas».

La Lealtad de Tenerife, según se deduce de una carta del propio Viera a Alonso de Nava, VI marqués de Villanueva del Prado, de 1789, fue un encargo que este hizo al polígrafo, para su representación en los reales festejos de proclamación que la Corona había ordenado al Cabildo de la isla.[33] Viera, que ya había dejado su faceta poética, quiso complacer a su amigo el marqués, a pesar de estar atareado con múltiples ocupaciones eclesiales, traductoras y científicas en Las Palmas –*cher ami, je suis toujours pressé* le indicaba en una de sus misivas por entonces–,[34] redacta el opúsculo teatral y se lo envía a Nava, manifestándole que

---

[32] J. de Viera y Clavijo, *Historia de Canarias*, ed., intr. y notas de M. de Paz Sánchez, en R. Padrón (dir.), *Obras completas de Viera y Clavijo*, Santa Cruz de Tenerife, t. 3, Ediciones Idea, 2016, p. 363.

[33] Para los festejos en Las Palmas de Gran Canaria, vid. V. J. Suárez Grimón, «Las fiestas de la proclamación de Carlos IV en Gran Canaria», *Anuario de Estudios Atlánticos*, n° 65, 2018, pp. 1-38.

[34] Carta de J. de Viera y Clavijo al marqués de Villanueva del Prado, Canaria, 30 de junio de 1789, ms. RM 114 (20/8), RSEAPT, fol. 184v.

el encargo había sido despachado con presteza, ya que solo le había llevado una mañana componerlo:

> Mi mui estimado Amigo y Dueño. Remito á V. ese *Pamplet*, ó que sé yo lo que es, pues solo las insinuaciones de V. despertando el Amor á la pátria, podian haberme obligado á escalar el Parnaso, de donde hace algun tiempo que decendí, y V. sabe las Musas son mozas, y que por lo mismo desdeñan á los que ya no lo son. En efecto, ella es obra de una mañana. He creido, haberme arreglado a las ideas de V. y al plan que las acompañaba. Si hubiere de algun modo acertado, ruego á V. oculte el autor, pues no he querido mostrarme tal en las presentes fiestas Reales. Para las de esa capital se van haciendo preparativos tan graciosos, que no dudo lleguen a ser dignos de la pluma de un P.ᵉ Isla.[35]

La carta está escrita en Gran Canaria, el 25 de julio de 1789, unos pocos días después del estallido de la Revolución en Francia (cuyos ecos aún no se oían en las islas). En esta carta Viera pide que su trabajo se mantenga en el anonimato. De hecho, no figura referencia a él en sus *Memorias*, a diferencia, por ejemplo, de las obras preparadas para las fiestas de proclamación de Carlos III en 1760.[36] Entraríamos en

---

[35] Carta de J. de Viera y Clavijo al marqués de Villanueva del Prado, Canaria, 25 de julio de 1789, en *Copiador de algunas cartas familiares, escritas por D. José Viera y Clavijo* [1772-1803], ms. cit., t. III, El Museo Canario, fols. 6r-6v.

[36] «*El Jardín de las Hespérides*, representación alegórica de las Islas Canarias en la proclamación del señor rey D. Carlos III, dispuesta por los gremios de artesanos en la segunda noche de los festejos que hizo la ciudad de La Laguna, papel impreso en Santa Cruz de Tenerife, año de 1760; *Loas, coloquios y otras poesías en estas mismas reales fiestas; Compendiosa*

suposiciones no fundamentadas documentalmente si plan-teáremos los motivos por los que Viera expresó su deseo de mantener este anonimato en La Laguna.

No se ha conservado, que sepamos, la carta que Alonso de Nava había enviado a nuestro polígrafo con la solicitud de la redacción del escrito y el plan para el desarrollo tea-tral. La anterior a esta última carta es una misiva de 30 de junio de 1789. En ella, en una posdata, se habla de la re-cepción de un memorial adjunto recién recibido el 22 de junio del mismo año, que nuestro arcediano indica que va a leer, pero no sabemos a ciencia cierta de qué trataba.

A Nava le interesaba, sin duda, dar esplendor a su fami-lia, entre los miembros de la aristocracia isleña, rememo-rando las hazañas de su antepasado Alonso de Nava y Grimón Alvarado Bracamonte, II marqués de Villanueva del Prado, y de ahí la idea de convertir un episodio históri-co en el que intervenía su bisabuelo y que Viera había exaltado en su *Historia de Canarias* en un coloquio dramá-tico para hacerlo formar parte del programa de las fiestas reales. Dado el éxito alcanzado por el polígrafo, cuando residía en La Laguna, en los festejos por la proclamación de Carlos III, Nava consideraría que era la persona idónea para componer esta nueva representación dramática.

Conocemos cómo fueron los festejos que se desarrollaron para la real proclamación de Carlos IV gracias a la descrip-

---

relación de las reales fiestas que hizo la muy noble y leal ciudad de San Cristóbal de La Laguna en la proclamación del señor D. Carlos III, obra impresa en Santa Cruz de Tenerife, año de 1760» (J. de Viera y Clavijo, *Memorias*, op. cit., pp. 57-58). Estos textos han sido editados en J. de Viera y Clavijo, *Home-naje a Carlos III*, ed., intr. y notas de M. de Paz Sánchez, en R. Padrón (dir.), *Obras completas de Viera y Clavijo*, t. 48, Santa Cruz de Tenerife, Ediciones Idea, 2013.

ción de Bartolomé Benítez de Ponte y Lugo,[37] lo que nos permite contextualizar el desarrollo del coloquio dramático compuesto por nuestro polígrafo. En un principio, los actos estaban previstos entre el 26 y 30 de agosto de 1789, pero sufrieron un retraso de un mes,[38] posiblemente por el enorme trabajo de creación de los escenarios en los que se centrarían las fiestas. Entre los cinco días, en que estas se desarrollaron, *La Lealtad de Tenerife* fue puesta en escena el último, el 30 de septiembre, como colofón de los actos.

De forma general, en el programa de festividades, apreciamos cómo se entremezclan los elementos mitológicos grecolatinos, con la historia de Canarias, los aborígenes y la conquista de las Islas. La idea que subyace en este despliegue es el deseo de conectar lo insular con los cimientos europeos, fusionándose en un mismo constructo identitario que sincretiza el mundo atlántico con el grecorromano, creando así un *continuum* cultural entre islas y continente. Las deidades de las Antigüedad desfilan con los guanches y

---

[37] *Plan General y noticia general de las reales fiestas con que la M. N. y L. Ciudad de S. Christoval de La Laguna, Capital de la Isla de Tenerife va á asolemnizar en el presente mes de Agosto la Augusta Proclamacion de su muy amado Monarca el Señor Don Carlos IV que Dios guarde*, La Laguna, Miguel Ángel Bazzanti, 1789.

[38] Así lo confirma una apostilla que se consigna en el ejemplar conservado en la Biblioteca Municipal Central de Santa Cruz de Tenerife (vid. Mª Gallardo Peña, «Fiesta de exaltación al trono y retratos de Carlos IV en La Laguna», *Anuario de Estudios Atlánticos*, nº 41, 1995, p. 273) y A. Lorenzo Lima («Rey imaginado, rey pintado. Precisiones en torno a los retratos tinerfeños de Carlos IV», *Estudios Canarios: Anuario del Instituto de Estudios Canarios*, nº 56, 2012, p. 88) igualmente lo ratifica, al señalar que se aprecia un retoque sobre la fecha inicial de la leyenda de un cuadro de Carlos IV, ejecutado por Félix Padrón para los festejos reales, en el que figura «Carlos IV proclamado en Tenerife a 2 de septiembre de 1789».

los conquistadores. Neptuno, la serpiente Pitón y los jugadores píticos, el centauro Quirón, Anfión, Atlante, las Pléyades, Cibeles, Vulcano, Orfeo y Venus se entremezclan en un baile de máscaras con el gran Tinerfe, los menceyes y el adelantado Alonso Fernández de Lugo; la danza de las fuerzas de Hércules se combina con el baile canario. Desfilan igualmente deidades menores, como nereidas, faunos, ninfas, cupidos, cíclopes, las nueve musas, los céfiros, con representaciones de la Atlántida y las Islas Afortunadas. Canarias es figurada por Vesta, Tenerife por Palas, La Palma por Latona, Fuerteventura por Fortuna, Lanzarote por Ceres, La Gomera por Diana, El Hierro por Vulcano, Alegranza por una nereida, Lobos por un tritón, La Graciosa por una de las Gracias, Montaña Clara por una napea y Roque del Este por un sátiro. Para crear todo este ambiente, que se desarrolló con gran pompa, fue necesario un despliegue de personajes disfrazados, decoración escenográfica, construcción de castillos y de maquetas de barcos, etc. No faltaron salvas de artillería, misas, tedeum, procesiones, campanadas, oración panegírica, así como iluminaciones nocturnas, adornos en las fachadas de las casas, música, danzas, refrescos, saraos...

Asimismo, el carácter cosmopolita en combinación con lo local se evidencia en las representaciones de los continentes y sus bailes: la danza de la Antorcha que corresponde a Europa, la de los indios que pertenece a América, la de «monteriones» que simboliza Asia, la de «matadines», que representa África, acompañados de instrumentos musicales de China y Etiopía.

Las alegorías adquieren una notable relevancia, siendo las tres principales las que se colocan en los arcos triunfales erigidos a la sazón: uno simbolizando el Amor, otro la Lealtad y otro el Honor, con los reales bustos de los reyes. Pasean otras alegorías como Matrona, Fidelidad, Número, Peso, Medida, Valor, Justicia...

También tiene una enorme importancia el desfile de los estamentos sociales. En este sentido, la representación pública de la nobleza, el clero y los gremios –labradores, arquitectos, metalúrgicos, sangradores, carpinteros, fragüeros, toneleros, pedreros, plateros, latoneros, herreros y herradores– forma parte sustancial de los festejos.

Centrándonos propiamente en *La Lealtad de Tenerife*, por lo que indica Benítez de Ponte, parece que se repitió en los tres núcleos urbanos en los que se desarrollaron las fiestas, esto es, en las tres plazas de la ciudad de La Laguna: la del Adelantado, la de Los Remedios y la de la Concepción. La construcción de los castillos y los barcos en madera (que sirvieron también para la exhibición de la llegada de los conquistadores en otro acto del programa festivo), la pintura y la decoración para crear la escenografía estuvieron a cargo principalmente de Cristóbal Afonso.[39]

El propio Benítez de Ponte y Lugo describe la representación de *La Lealtad* en los siguientes términos:

> Por la tarde se figurará en las tres plazas con las referidas Embarcaciones (tambien á costa del Y. Ayuntamiento) la invasion de la Esquadra Inglesa del Almirante Geníngs, en la guerra de sucesion, y la gloriosa defensa del Puerto de Santa-Cruz: para cuyo efecto, se verá en dichas plazas el Castillo principal de S. Christoval, coronado de tropa, y de los mas distinguidos defensores de la

---

[39] A. Lorenzo Lima, art. cit., p. 70.

Rafael Padrón Fernández y Rubén Díaz Vega

Patria; y en el centro estará bajo de un vistoso pabellon el Real Retrato del Señor Rey D. Felipe V. Luego que la Esquadra llegue á la Plaza del Adelantado (que es á donde se comienzan los Regocijos públicos) se representará en el Castillo un Coloquio dramático, intitulado *la Lealtad de Tenerife*: los Interlocutores son los Gefes y Patricios que mas se señalaron en esta honrosa funcion; y por ellos se describe todo el suceso: se dará el combate; y vendrá al Castillo un Oficial Inglés, con las propuestas de su Almirante: se despreciarán estas, y continuará el fuego hasta hacer retirar las Naves: á este tiempo se verá en lo alto del Castillo la Lealtad, que coronará con laureles á los Interlocutores; cuyas guirnaldas arrojarán estos inmediatamente acia el arco triunfal en que estarán los Reales Bustos de nuestros Católicos Soberanos, que felizmente reynan. Para seguir á repetir ésta funcion en las otras plazas, se formará la comparsa delante de las Embarcaciones, marchando en columnas todos los defensores de la Patria; llevando á la vanguardia la música marcial, y á la retaguardia la Lealtad. Para concluir estos solemnes regocijos, saldrán juntos por la noche los tres Carros de los referidos Gremios, con sus respectivas Danzas; y colocados en ellos los Reales Retratos de nuestro Glorioso Monarca, de nuestra Augusta Reyna, y del Serenisimo Príncipe de Asturias, discurrirán por toda la Carrera, expresando el amor y fidelidad de los Moradores de esta Isla á estas Reales Personas, en repetidos VIVAS, Loas, y Aclamaciones. [40]

Por lo que se deduce de las palabras de Benítez de Ponte, los barcos tendrían que tener ruedas para poder trasladarlos de una plaza a otra, e irían acompañados de los per-

---

[40] B. Benítez de Ponte y Lugo, op. cit., pp. XIII-XIV.

sonajes que más se significaron en la gesta contra el ataque de Jennings y que aparecen en *La Lealtad*: Gregorio Samartín, gobernador del castillo de San Cristóbal, de Santa Cruz de Tenerife; José Antonio de Ayala y Rojas, corregidor; Francisco de Ponte Llarena Hoyo y Calderón, hermano del I conde del Palmar; Alonso de Nava y Grimón Alvarado Bracamonte, II marqués de Villanueva del Prado, y el coronel Francisco Tomás de Franchi Alfaro y Valcárcel, destacando por encima de ellos, la alegoría de la Lealtad, vestida de matrona.

La representación de la Corona estaba en las efigies y bustos reales. Los retratos de Carlos IV, María Luisa de Parma y el príncipe Fernando, así como el del iniciador de la dinastía borbónica en España, Felipe V, fueron encargados a Félix Padrón.[41]

La anacronía histórica resulta irrelevante pues, en el fondo, la idea esencial es la de rendir pleitesía a la Corona: los guanches tienen que someter sus dominios, ya no a Isabel I de Castilla, sino a Carlos IV, actualizándose el discurso histórico a través de la composición dramática.

La Lealtad está estructurada en un único acto con trece escenas y escrita en versos octosílabos. Se circunscribe a los poemas de carácter patriótico compuestos por Viera, como los referidos al ataque de Nelson a Tenerife o los versos contra Bonaparte. Encontramos en esta obra algunas pequeñas diferencias con respecto al relato de la *Historia de Canarias*, como la ausencia de la carta que porta el cabo inglés, cuya lectura hubiese resultado poco efectista en un espacio teatral. No obstante, de forma general, el

---

[41] Mª Gallardo Peña, art. cit., pp. 282-284 y J. A. Lorenzo Lima, art. cit., pp. 80-89.

drama remite a lo descrito en el epígrafe «Invade la escuadra del almirante Genings el puerto de Santa Cruz de Tenerife. Valor y lealtad con que es rechazada»,[42] con lo que la escritura literaria no se aleja de la historicidad del relato.

Historia textual

La *Loa de adoración de Reyes* fue publicada por primera vez en 1961, en el periódico *La Tarde,* inserta en el artículo «Una obra inédita de don José de Viera»,[43] por Enrique Roméu Palazuelos, reproducida años más tarde, en 1977, en *La Tertulia de Nava*[44] del propio Roméu y luego en una recopilación de escritos de este mismo autor.[45] Posteriormente la encontramos incluida en la antología de poesía canaria *Museo Atlántico,*[46] de Andrés Sánchez Robayna (1983); en *Teatro canario,*[47] de Rafael Fernández Hernández, en 1991 y, por último, en *Leyendo a Viera,*[48] de Teresa

---

[42] J. de Viera y Clavijo, *Historia de Canarias*, op. cit., vol. III, pp. 362-366.

[43] *La Tarde*, 16 de agosto de 1961, p. 3.

[44] E. Roméu Palazuelos, *La Tertulia de Nava*, La Laguna, Ayuntamiento de San Cristóbal de La Laguna, 1977, pp. 63-65.

[45] E. Roméu Palazuelos, *La Laguna de anteayer y otras historias*, San Cristóbal de La Laguna, RSEAPT, 2005, pp. 41-43. Vid. también de este mismo investigador *Biografía de Viera y Clavijo a través de sus obras*, Santa Cruz de Tenerife, Aula de Cultura, Cabildo Insular de Tenerife, 1981, p. 30.

[46] A. Sánchez Robayna, op. cit., pp. 89-90.

[47] R. Fernández Hernández, *Teatro canario: siglo XVI al XX, antología*, t. I, Las Palmas de Gran Canaria, Edirca, 1991, pp. 145-148.

[48] J. de Viera y Clavijo, *Leyendo a Viera: un proyecto didáctico*, introducción, cronología y antología de Teresa Acosta Tejera, La Laguna, Ayuntamiento de San Cristóbal de La Laguna, 2013, pp. 165-166.

Acosta (2013). Nuestra edición se basa en el manuscrito autógrafo (1 fol.) conservado en la RSEAPT (Legajo I de Poesías, RM 140 [22/41], fols. 9r-9v), al que Rodríguez Moure añadió la siguiente apostilla marginal, al comienzo, en el lado izquierdo del folio: «Estos versos los hizo D. José de Viera y Clavijo, para que los representaran los niños del 5º Marqués de Villanueva en un juguete representado en su casa de la Laguna. La letra es del propio autor».

La espada fue publicada por primera vez al final de *Cüentos de niños que instruyen divirtiendo: obra extractada de buenos autores, principalmente de la que con el titulo del amigo de los niños publicó en París M. Berquin y fué premiada por la Academia francesa, como una de las mas utiles para la educacion dada á luz por D. José Viera y Clavijo*, Las Palmas de Gran Canaria, Real Sociedad Económica de Amigos del País de Gran Canaria, 1803-1804. La tirada de esta obra fue bastante reducida en su época, ya que se editaron solo unos ejemplares para unos pocos suscriptores, cuyo listado figura al final de la obra. La única edición que conocemos es la que se conserva en la Biblioteca de la Universidad de La Laguna, que tiene partes impresas y algunas hojas manuscritas por Antonio Pereira Pacheco y Ruiz. En lo que respecta a *La espada*, están todas las páginas impresas, salvo las 249 y 250, escritas de mano del propio Pereira. La obra fue igualmente recogida en la mencionada antología *Teatro canario*, de Rafael Fernández Hernández.[49] Posteriormente, la encontramos también en la ya aludida compilación textual *Leyendo a Viera: un proyecto didáctico*.[50]

---

[49] R. Fernández Hernández, op. cit., pp. 135-144.

[50] J. de Viera y Clavijo, *Leyendo a Viera: un proyecto didáctico*, op. cit., pp. 156-164.

Nuestra edición se basa en el manuscrito autógrafo conservado en el archivo Buergo Oráa en La Laguna (6 fols.), cuyo texto va precedido de *Cuentos de niños*[51] (1 fol. portada facticia no autógrafa + 68 fols.).

La Lealtad de Tenerife fue editada en su totalidad en la citada antología de Rafael Fernández, de 1991, posiblemente a partir de alguna copia facilitada al antólogo por Roméu Palazuelos, quien daba ya constancia del hallazgo de esta obrita de Viera en el periódico *El Día*, de 1 de abril de 1990.[52] Según noticia aportada por el propio Rafael Fernández, Roméu preparaba la transcripción de este texto para insertarla en el homenaje que se estaba proyectando hacer a Juan Álvarez Delgado, que finalmente parece que no vio la luz de la imprenta. Nuestra edición está basada en el manuscrito autógrafo de Viera conservado en el archivo Buergo Oráa.

Criterios de edición

Como norma general, de acuerdo con los criterios que hemos marcado en las *Obras completas de Viera y Clavijo*, la grafía se ha actualizado:

-Los acentos siguen las últimas normas ortográficas académicas.

-La puntuación se ha modernizado. Los puntos se han mantenido como regla general. Sin embargo, el uso de los

---

[51] Publicados en J. de Viera y Clavijo, *Obra didáctica*, op. cit., pp. 73-262.

[52] «*La Lealtad de Tenerife*», p. 2. El artículo fue reproducido en la ya referida antología de textos periodísticos de E. Roméu Palazuelos, *La Laguna de anteayer y otras historias,* op. cit., pp. 345-347.

dos puntos y los puntos y comas, en su uso antiguo, y de algunas comas podía inducir a cierta ambigüedad, que hemos decidido solventar, eligiendo, cuando fuera preciso, la forma más adecuada para cada ocasión, de acuerdo con el contexto en que se desarrolla.

-Las mayúsculas y minúsculas han sido sistematizadas según los criterios ortográficos vigentes.

-Los números en letras que acompañan a reyes permanecen de esta forma para no romper la estructura métrica: «Alonso siete», «Catalina oncena», «Felipe quinto» y «Carlos tercero».

-Añadimos una -e protética en la forma «scena».

-La forma arcaizante «proprio» pasa a «propio».

-Eliminamos la forma -ph a final de «Joseph».

-«Minorca» pasa a «Menorca» e «invía» a «envía».

-Actualizamos la grafía del nombre de «Genings» por «Jennings».

-Corregimos la ausencia de haches: «azia», «O valeroso», y las eliminamos cuando no proceden: «harenga».

-Añadimos una -n- en la reducción del grupo -mn-: «coluna».

-La forma «azia trás» pasa «hacia atrás».

-Hemos aplicado las siguientes correcciones gráficas:

* v > b: «virucu», «vanderas», «pavellones», etc.

* b > v: «embaynada», «empabesada».

* g > j: «personage», «agena», «sugetos», etc.

* qu > cu: «quarto», «quanto», «Esquadra», etc.

* i > y: «mui», «hai», «voi», etc.

* y > i: «Ynglesa», «Ysleños», «Teyde», etc.

* x > j: «dixe», «dexa», «xefe», etc.

* s> z: «safando».
* s > x: «esplanada», «estraña».
* z > c: «rezelo», «zelo».
* z > s: «Chazna».

Las notas a pie de página son nuestras. En las de tipo documental, hemos procurado insertar algunas indicaciones relativas al período, acontecimientos, personajes, etc. o citas de la *Historia de Canarias* de Viera. Se ha sistematizado la grafía arcaizante de «vm.» en «usted», teniendo presente que el uso de esta forma de tratamiento en plural que aparece en el manuscrito de *La espada* es el de «ustedes». De forma general, hemos desarrollado todas las abreviaturas, y los subrayados se han marcado en letra cursiva. Los signos de interrogación y admiración ausentes en el comienzo de frase han sido completados. La expresión en latín *requiem eternam*, aunque no figure subrayada, ha pasado también a cursiva. Las frases parentéticas, salvo las acotaciones, se han puesto entre guiones, y las acotaciones escénicas han pasado a cursiva y sistematizadas entre paréntesis.

Bibliografía

BAUDRON, Annette, *L'œuvre d'Arnaud Berquin: littérature de jeunesse et esprit des Lumières*, Tesis doctoral, Université François Rabelais, Tours, 2009.

BENÍTEZ DE PONTE Y LUGO, Bartolomé, *Plan General y noticia general de las reales fiestas con que la M. N. y L. Ciudad de S. Christoval de La Laguna, Capital de la Isla de Tenerife va á asolemnizar en el presente mes de Agosto la Augusta Proclamacion de su muy amado Monarca el Señor Don Carlos IV que Dios guarde*, La Laguna, Miguel Ángel Bazzanti, 1789.

BERQUIN, Arnaud, *L'ami des enfants*, t. IV, París, Pissot y Théophile Barrois, 1783.

—, «L'épée», en *L'ami des enfants*, 1er año, t. I, París, Pissot y Théophile Barrois, 1783, pp. 205-234.

BOILEAU, Nicolas, «Satire V à Monsieur le Marquis de Dangeau» en *Œuvres de M. Boileau Despreaux*, t. I, París, David-Durand, 1750.

BRAVO VILLASANTE, Carmen, «Berquin en Espagne», en Denise Escarpit (dir.), *Arnaud Berquin 1747-1791: Bicentenaire de L'Ami des enfants*, Pessac, Nous voulons lire, 1983, pp. 64-68.

DÍAZ-ARMAS, Jesús y Patricia MAUCLAIR, «Los inicios de la literatura infantil en España: José de Viera y Clavijo», *Ocnos: Revista de Estudios sobre lectura*, nº 17 (2), 2018, pp. 82-91.

ESCARPIT, Denise, *Arnaud Berquin. 1747-1791. Bicentenaire de L'Ami des enfants*, Pessac, Nous voulons lire, 1983.

FERNÁNDEZ DE BÉTHENCOURT, Francisco, *Nobiliario de Canarias*, La Laguna, 7 Islas, Juan Régulo, 1952-1967, 4 vols.

FERNÁNDEZ HERNÁNDEZ, Rafael, *Teatro canario: siglo XVI al XX, antología*, t. I, Las Palmas de Gran Canaria, Edirca, 1991.

GALLARDO PEÑA, María, «Fiesta de exaltación al trono y retratos de Carlos IV en La Laguna», *Anuario de Estudios Atlánticos*, nº 41, 1995, pp. 271-285.

GALVÁN GONZÁLEZ, Victoria, *La obra literaria de José de Viera y Clavijo*, Las Palmas de Gran Canaria, Cabildo Insular de Gran Canaria, 1999.

GENTON, François, «Arnaud Berquin (1747-1791) et l'influence des auteurs de langue allemande sur la littérature enfantine française à la fin du XVIIIᵉ siècle», *Révolution, Restauration et les jeunes. 1789-1848. Écrits et images, colloque de Metz (5-7 décembre 1986)*, París, Didier Érudition, 1989, pp. 47-73.

GRENTE, Georges (dir.), *Dictionnaire des lettres françaises: XVIIIᵉ siècle*, París, Fayard, 1995.

LORENZO LIMA, Juan Alejandro, «Rey imaginado, rey pintado. Precisiones en torno a los retratos tinerfeños de Carlos IV», *Estudios Canarios: Anuario del Instituto de Estudios Canarios*, nº 56, 2012, pp. 67-92.

MARTIN, Angus, «Notes sur *L'Ami des enfants* de Berquin et la littérature enfantine en France aux alentours de 1780», *Dix-Huitième Siècle*, nº 6, 1974, pp. 299-308.

MAUCLAIR, Patricia y Jesús DÍAZ ARMAS, «*Literatura ad usum delphini*: José de Viera y Clavijo y su traducción de los cuentos para niños de Arnaud Berquin», *Çédille, revista de estudios franceses*, nº 16, 2019, pp. 347-380.

NAVA Y GRIMÓN, Alonso de, *Autobiografía*, RSEAPT, ms. 152 (20/16), autógrafo, c. 1813, fol. 8r.

NAVA-GRIMÓN Y PORLIER, Tomás Lino de, *Cartas de don Tomás Lino de Nava-Grimón y Porlier, V marqués de Villanueva del Prado, desde La Laguna, a don Joseph de Viera y Clavijo en Madrid*, transcripción del texto original, con preliminar y notas aclaratorias por Enrique Roméu Palazuelos, La Laguna, Instituto de Estudios Canarios, 1988.

NIÈRES-CHEVREL, Isabelle, «Des sources nouvelles pour *L'Ami des enfants* de Berquin», *Revue d'histoire littéraire de la France*, vol. 114, 2014/4, pp. 807-828.

ROMÉU PALAZUELOS, Enrique, «Una obra inédita de don José de Viera», *La Tarde*, 16 de agosto de 1961, p. 3.

—, *La Tertulia de Nava*, La Laguna, Ayuntamiento de San Cristóbal de La Laguna, 1977.

—, *Biografía de Viera y Clavijo a través de sus obras*, Santa Cruz de Tenerife, Aula de Cultura, Cabildo Insular de Tenerife, 1981.

—, «*La Lealtad de Tenerife*», *El Día*, 1 de abril de 1990, p. 2.

—, *La Laguna de anteayer y otras historias*, La Laguna, RSEAPT, 2005.

SÁNCHEZ ROBAYNA, Andrés, *Museo Atlántico: Antología de la poesía canaria*, Santa Cruz de Tenerife, Interinsular Canaria, 1983, pp. 22-23 y 89-90.

SUÁREZ GRIMÓN, Vicente J., «Las fiestas de la proclamación de Carlos IV en Gran Canaria», *Anuario de Estudios Atlánticos*, nº 65, 2018, pp. 1-38.

URZAINQUI, Inmaculada, «Hacia una tipología de la traducción en el siglo XVIII: los horizontes del traductor», en Mª L. Donaire y F. Lafarga (eds.), *Traducción y adaptación cultural: España-Francia*, Oviedo, Servicio de Publicaciones de la Universidad de Oviedo, 1991, pp. 623-638.

VIERA Y CLAVIJO, José de, *Loa de adoración de Reyes magos*, ms. autógrafo, 1767, RSEAPT, RM 140 [22/41], fols. 9r-9v.

—, *La espada*, ms. autógrafo, [1784], Archivo Buergo Oráa, La Laguna.

—, *La Lealtad de Tenerife*, ms. autógrafo, [1789], Archivo Buergo Oráa, La Laguna.

—, *Copiador de algunas cartas familiares, escritas por D. José Viera y Clavijo* [1772-1803], t. III, El Museo Canario y t. IV, Archivo Acialcázar.

—, «Traduccion de la Sátira V de Boileau, sobre la Nobleza», en *Coleccion de algunos Opúsculos Poéticos de D. J. V. C.*, Biblioteca Municipal Central de Santa Cruz de Tenerife, ms. 22, fols. 2r-6r.

—, «La espada», en *Cüentos de niños que instruyen divirtiendo: obra extractada de buenos autores, principalmente de la que con el titulo del amigo de los niños publicó en París M. Berquin y fué premiada por la Academia francesa, como una de las mas utiles para la educacion dada á luz por D. José Viera y Clavijo*, Las Palmas de Gran Canaria, Real Sociedad Económica de Amigos del País de Gran Canaria, 1803-1804, pp. 235-251.

—, *Vos estis Sol. Epistolografía íntima*, Madrid, CSIC, 2008.

—, *Memorias*, ed., intr. y notas de Rafael Padrón Fernández, en Rafael Padrón (dir.), *Obras completas de Viera y Clavijo*, t. 1, Santa Cruz de Tenerife, Ediciones Idea, 2012.

—, *Homenaje a Carlos III*, ed., intr. y notas de Manuel de Paz Sánchez, en Rafael Padrón (dir.), *Obras completas de*

Viera y Clavijo, t. 48, Santa Cruz de Tenerife, Ediciones Idea, 2013.

—, *La Tertulia de Nava*, ed., intr. y notas de Rafael Padrón Fernández, en Rafael Padrón (dir.), *Obras completas de Viera y Clavijo*, t. 47, Santa Cruz de Tenerife, Ediciones Idea, 2013.

—, *Leyendo a Viera: un proyecto didáctico*, introducción, cronología y antología de Teresa Acosta Tejera, La Laguna, Ayuntamiento de San Cristóbal de La Laguna, 2013.

—, *Obra didáctica*, ed., intr. y notas de Teresa Acosta Tejera y Valeria Aguiar Bobet, en Rafael Padrón (dir.), *Obras completas de José de Viera y Clavijo*, t. 23, Santa Cruz de Tenerife, Ediciones Idea, 2013.

—, *Historia de Canarias*, ed., intr. y notas de Manuel de Paz Sánchez, en Rafael Padrón (dir.), *Obras completas de Viera y Clavijo*, t. 3, Santa Cruz de Tenerife, Ediciones Idea, 2016.

WEISSE, Christian Felix, «Der Geburtstag, ein kleines Lustspiel für Kinder, in einem Aufzuge», en *Der Kinderfreund. Ein Wochenblatt*, 1ª parte, Leipzig, Siegfried Leberecht Crusius, 1776, pp. 151-183.

Loa de adoración de Reyes

ALONSITO
CATALINICA
Y ANTONICA MARÍA

ALONSITO
Nosotros somos los Magos
que venimos del Oriente,
sin saber ni cuántos somos,
ni por qué nos llaman Reyes,
ni por qué somos Gaspares,
Baltasares y Melchoeres.[1]

CATALINICA
Venimos averiguando,
pese a Herodes o no pese,
dónde ha nacido el monarca
de aquella dichosa gente,
que a los Camachos alcaldes
pagan porque los desuelle.[2]

ANTONICA MARÍA
Una estrella, que en un pozo
aún dicen que suele verse,
nos sacó de nuestras casas
como sacó a los ingleses
la estrella que por el sol
pasó desnuda en pelete.

ALONSITO
Y, pues en Belén se para
sobre aquel niño inocente,

---

[1] Para mantener la rima asonante en la -e- tónica, Viera fuerza la forma «Melchores», añadiéndole una -e, a pesar de que con ello genere una sílaba más al verso, al formar un hiato.

[2] En las ediciones anteriores a la nuestra se transcribe «degüelle». Sin embargo, en el manuscrito autógrafo se lee «desuelle».

adorémoslo rendidos,
nuestros dones ofreciéndole.
(*De rodillas.*)
Yo no soy, divino infante,
el rey don Alfonso siete,
marido de doña Urraca,[3]
descasado por un breve.
Yo soy el rey don Gaspar,
aquel señor repotente,
que allá en las Islas Molucas
bebe el caldo con especies.

CATALINICA
Ni a mí tampoco me llamen
doña Catalina oncena,[4]
porque con cuerpo de sota
de rey hago los papeles,
y me nombro Baltasar
en Babilonia y en Telde.

ANTONICA MARÍA
Aunque yo no soy rey blanco,
sino un negrito muleque,
mando con un estornudo
(*Guachí.*)
el reino de Cabo Verde.

---

[3] Viera comete un error, al considerar al rey de León Alfonso VII (1105-1157) marido de doña Urraca (1081-1126), ya que se trata de su hijo. Se refiere, en realidad, a Alfonso I el Batallador, rey de Aragón, casado con Urraca, y cuyo matrimonio fue anulado por el arzobispo de Toledo, a causa de la consanguinidad de los contrayentes.

[4] Catalina de Nava y Grimón tenía, a principios de 1767, once años.

ALONSITO
Yo te ofrezco, niño mío,
oro y jabón si lo quieres.

CATALINICA
Yo te doy la mirra amarga
en chochos para que juegues.

ANTONICA MARÍA
Y yo el incienso te doy,
pues que soy como un pebete.

ALONSITO
Adiós, que voy a la escuela
a ver maestros y regentes.

CATALINICA
Adiós, que voy a oír casos
de brujas y penitentes.

ANTONICA MARÍA
Adiós, que voy a jugar
al burro y al tenderete.

ALONSITO
Y porque no acabe fría
esta adoración tan célebre,
démosle una grita a Herodes,
para que rabie el perrete.

José de Viera y Clavijo

TODOS
¡Hi… hi… hi… hi…!

FIN

1767

66

La espada,
drama en un acto

Personas

D. JUAN DE ÓRBIGO
AGUSTÍN, SUSANA, sus hijos pequeños
RAMÓN, JACINTO, DIEGO, MANUEL, hermanos, amigos de
    Agustín y muchachos todos
Y CAMPUZANO, CRIADO DE D. JUAN

La escena es en el cuarto de Agustín

ESCENA I

AGUSTÍN

Vaya, hoy son los días de mi santo, y puede ser que mi padre me haga algún regalito. Campuzano entraba con un bulto debajo de la capa y no quiso dejarme ver lo que era. Pero chitón... Aquí viene papá.

ESCENA II

(*D. Juan de Órbigo con una espada y biricú en la mano.*)

D. JUAN

Adiós, Agustín. ¿Sabes que son tus días hoy y que vengo a dártelos? Pero tú quizá no te contentarás con solo un cumplimiento.

AGUSTÍN

¡Ah, papá! ¿Qué trae usted en la mano?

D. JUAN

Una cosa que te irá muy bien; mira, es una espada.

AGUSTÍN

¿Para mí, papá? Ay, démela, démela usted. Yo seré tan obediente y aplicado...

D. JUAN

Dios lo quiera; pero, ¿sabes tú que una espada pide un hombre en forma y que un niño no está en estado de usarla con reflexión, honor y decoro?

AGUSTÍN

En eso pierda usted cuidado; yo sabré honrar mi espada y no seré como esa gentecilla, esa canalla…

D. JUAN

Pues ¿qué entiendes tú por gentecilla? ¿Por canalla?

AGUSTÍN

Gentecilla es esa, que no es noble, ni de casta de caballeros, como usted y como yo.

D. JUAN

Hijo mío, yo no he tenido nunca por canalla sino a los que tienen mal corazón, malas inclinaciones y malos procederes; a los que son desobedientes a sus padres, rústicos y descorteses con los demás. Y, por esa regla, no dudes que hay mucha gentecilla entre los nobles y mucha nobleza en los que tú llamas canalla. Tu buena conducta solamente es la que te hará digno de llevar esta espada. Hela aquí, póntela…

AGUSTÍN

Vea usted muchos años, papá mío.
(Quiere ponerse la espada a la cinta y no puede hasta que su padre acaba de ceñírsela.)

D. JUAN

Ea hombre, no te sienta muy mal.

AGUSTÍN

Yo bien sabía que me sentaría muy bien.

D. JUAN

Vamos a otra cosa. He dicho a Campuzano que llame a tus amigos y vecinos para que vengan hoy a divertirse contigo y a jugar, pero cuidado como te portas.

AGUSTÍN

Muy bien, papá.

ESCENA III

(Agustín solo, paseándose con mucha gravedad y mirando hacia atrás para ver su espada.)

Esto se entiende parecer uno caballero; ¡que vengan ahora para acá esa gente ordinaria! No haya miedo que yo haga caso de ninguno y, si me enfadan..., Santiago y a ellos *(Toma su espada muy furioso.)*, quítateme delante, menestralillo, una, dos, tres, muere, gran bribón, plebeyo...

ESCENA IV

SUSANA

¡Ah! ¿Qué viene a ser eso, Agustín? ¿Te has vuelto loco?

AGUSTÍN

¡Aquí estabas tú, Susana!

SUSANA

Sí, aquí estoy; ¿y qué haces tú con ese mueble?

AGUSTÍN

¿Qué hago? Lo que un caballero debe hacer.

SUSANA

¿Con quién riñes? ¿A quién quieres matar?

AGUSTÍN

Al primero que se me ponga delante.

SUSANA

¡Fuego de Dios! ¿Y si acaso soy yo?

AGUSTÍN

¿Si eres tú? No te lo aconsejo. Mi papá me ha dado esta espada.

SUSANA

Naturalmente habrá sido para matar gente a tuertas y derechas.

AGUSTÍN

Yo soy un caballero, y el que me perdiere el respeto, *plum*, cuchillada en él y *requiem eternam*.

SUSANA

¡Poco a poco, no sea que te falte yo al respeto y exponga mi vida! Pero, dime, ¿en qué consisten los respetos que exiges?

AGUSTÍN
Ya tú los verás. Nuestro papá ha enviado recado a los vecinos para que vengan a jugar y, si esos baladroncillos me faltaren en algo, ya les costará caro.

SUSANA
Bien está; pero lo que quiero saber es ¿de qué modo no se te ha de faltar en nada?

AGUSTÍN
Primeramente quiero que me hagan profundas, muy profundas cortesías.
(*Susana le hace de burlas cortesías muy reverentes.*)

SUSANA
Excelentísimo señor, muy humilde criada de vuestra excelencia. ¿No es esto?

AGUSTÍN
No, no, Susana. Pocas burlas, porque si no…

SUSANA
¡Guarda, Pablo! Será menester prevenir a esos pobres chicos, que han de venir, de cómo han de tratar a tan insigne personaje.

AGUSTÍN
Bravo caso haré yo de ellos; pellizcaré a uno, daré a otro un tirón de orejas y soplamocos a todos.

SUSANA

No creía yo que ese fuese uno de los privilegios de tu caballería; pero, ¿si esos plebeyos, como tú dices, no hallan muy de su gusto semejante diversión y le dan tras la oreja al señor caballero?

AGUSTÍN

¿Quién, ellos? ¿Ellos han de tener valor, ni sacar la espada?

SUSANA

Seguramente que papá no te ha dado tales consejos cuando te regaló la espada.

AGUSTÍN

Allá me echó un sermón sobre el modo de honrarme con ella y de honrarla yo mismo.

SUSANA

Ya lo suponía yo pero, Agustín, ¿no has reparado que a tu espada le falta un adorno preciso?

AGUSTÍN

¿Cuál adorno? (*Quítase la espada y el biricú, y se pone a mirarla despacio.*) Yo no veo que le falte ninguna cosa.

SUSANA

¡Qué bello caballero! Hombre, le falta un lazo en el pomo, y yo te lo pondré de azul y plata.

AGUSTÍN

Pues, vaya, hermanita, ponme un lazo muy guapo y tráemela otra vez luego para que, en llegando esos muchachos, se queden con la boca abierta.

SUSANA

Vuelvo con ella al instante.

ESCENA V

CAMPUZANO

Señorito, los vecinos de usted están abajo.

AGUSTÍN

Bien, ¿y por qué no suben? ¿Esperan que vaya yo a recibirlos al pie de la escalera?

CAMPUZANO

Es que mi ama me ha dicho que usted baje a estar con ellos.

AGUSTÍN

Pues no, señor; mejor será que vengan ellos aquí.

SUSANA

Hombre, haz lo que te manda mamá.

AGUSTÍN

¡Miren qué sujetos para tanta atención! Allá voy. Pero tú, Susana, ¿qué haces aquí? ¿Por qué no vas a ponerme el lazo en la espada? (*Vase.*)

ESCENA VI

SUSANA

Haya insolentillo como él. ¡Qué bravatas echa! Vale que yo tengo su espada y no se la he de dar hasta que mi padre no sepa todo lo que aquí ha dicho. Pero mi padre llega.

ESCENA VII

SUSANA

Papá, yo iba en busca de usted…

D. JUAN

¿Pues qué se te ofrece? ¿Y qué tienes tú que hacer con esa espada de tu hermano?

SUSANA

Prometile un lazo para el pomo pero, en realidad, no fue sino para quitar de entre sus manos esta arma peligrosa. Papá no se la dé usted por Dios.

D. JUAN

¿Cómo no, si se la he regalado?

SUSANA

Porque es muy loco. Yo lo encontré aquí hecho un D. Quijote de la Mancha, esgrimiendo contra el viento y amenazando a los amigos que vengan a jugar con él.

D. JUAN

Me alegro de saberlo. Vaya, dámela acá y vete tú a hacer el lazo, pues me parece que suben ya por las escaleras.

(Vanse.)

ESCENA VIII

(Salen todos los chicos y, delante de ellos, Agustín con su sombrero encasquetado.)

RAMÓN *(En voz baja a Diego.)*

¿Si será ahora la moda de recibir la gente con el sombrero puesto y entrar primero que nadie?

AGUSTÍN

¿Qué estás tú murmurando?

RAMÓN

Nada, Sr. D. Agustín.

AGUSTÍN

Pues, ¿por qué no hablas, que yo lo oiga? Di lo que era.

RAMÓN

Eso será cuando usted tenga autoridad para mandarme.

DIEGO

No te alborotes, Ramón, que estamos en casa ajena.

RAMÓN
Tampoco hay razón para que el que está en su casa sea descortés.

AGUSTÍN
¿Con que yo soy descortés? ¿No es eso? Y quizá lo dirás porque entré primero en mi cuarto.

RAMÓN
Ya se ve que sí y que, cuando nosotros merecemos recibir la visita de usted o de otras personas, procuramos cederle el paso.

AGUSTÍN
En eso hacéis más que lo que debéis, pero hay alguna diferencia de ustedes a mí.

RAMÓN
¿Cuál es?

AGUSTÍN
Que tú no eres noble.

RAMÓN
Pues quédese usted solo con su nobleza, porque nosotros nos iremos adonde se nos trate mejor.

DIEGO
Así es; vámonos de aquí.

AGUSTÍN
Vale que yo no os he convidado, sino mi padre.

RAMÓN

Bien está, nosotros iremos a darle las gracias a su padre de usted y a decirle que su hijo se desdeña de que lo acompañemos. Vamos, vamos.

AGUSTÍN

No, no, no se vayan ustedes, que esto es una chanza. Amigos, buenos días; hoy es mi santo y nos hemos de divertir.

RAMÓN

Está muy bien, pero para otra vez ha de ser usted más atento pues, si yo no soy tan noble, tampoco me dejo ultrajar de nadie.

DIEGO

Sosiégate, Ramón, y quedemos todos buenos amigos.

MANUEL

Con que, Sr. D. Agustín, ¿hoy son sus días de usted? Usted los vea muy felices.

JACINTO

Qué buenos regalitos habrá tenido usted.

AGUSTÍN

Ya se ve que los he tenido.

MANUEL

Habrán sido dulces.

AGUSTÍN

¡Qué dulces! Quita allá. Esos los tengo cada día.

JACINTO

Pues habrán sido pesitos duros. ¿Uno? ¿Dos? ¿Tres doblones?

AGUSTÍN

Algo más, algo más que doblones. Es una cosa que solo puede sentar a un caballero.

ESCENA IX

SUSANA (*Con un gran plato de bollos.*) Servir a ustedes, vecinitos.

RAMÓN

Señorita, a los pies de usted.

DIEGO

Usted cada día más hermosa.

SUSANA

Favor que ustedes me hacen. Agustín, mamá te envía estos bollos para que regales a tus amigos, mientras es hora de refrescar.

AGUSTÍN

Está muy bien, pero aquí no tenemos necesidad de ti. ¿Y el lazo de mi espada?

SUSANA
En tu cuarto está todo acabado. Y con licencia de ustedes, caballeros, hasta la vuelta.

ESCENA X
(Siéntase Agustín y los otros se quedan admirando en silencio su grosería, pues solo da un poco de bollo a los más chicos y él se come todo lo restante.)

AGUSTÍN
El que se quisiere sentar que se siente, y ya nos traerán más para ustedes.

RAMÓN
¡Raras son las atenciones que gastan los nobles de esta tierra!

AGUSTÍN
¡Pues bueno sería que nos incomodásemos por semejantes sujetos! *(Levántase.)* ¿Tú sabes con quién hablas, plebeyuelo?

RAMÓN
Sé que hablo con un noblezuelo muy desatento y descarado, que se precia en más de lo que vale y que no tiene modales ni crianza.

AGUSTÍN
Como tú tienes atrevimiento...
(Quiere cascar a Ramón, este le hace cara y Agustín huye y cierra la puerta.)

DIEGO

Por Dios, Ramón, ¿qué has hecho? Él irá a contarle a su padre mil mentiras, y nosotros quedaremos mal.

RAMÓN

Su padre es caballero de mucho fundamento, y yo le diré que ¿para qué nos convidó a jugar con su hijo si nos había de maltratar?
(*Agustín vuelve con su espada en la mano, aunque envainada. Los más chicos huyen de él metiéndose tras los taburetes, mientras los otros le esperan de pie firme.*)

AGUSTÍN

Esperad, aguardad, pícaros, insolentes.
(*Desenvaina con mucho furor la espada y, en lugar de la hoja de acero, ve que tiene una larga pluma de pavo. Quédase muy corrido, y los chicos sueltan la carcajada.*)

RAMÓN

Vaya, arremeta usted y veamos el corte de esos filos.

DIEGO

¡Hombre, déjalo, el pobre! No lo avergüences más de lo que está.

MANUEL

No haya miedo que con tales armas mate ningún moro Hamete.

RAMÓN

Lo mejor será volverle la espada y dejarlo para que solo trate con su criado Campuzano.

JACINTO

Adiós, señor caballero de la espada de pluma.

DIEGO

No, no nos vayamos todavía; esperemos aquí a su padre, para que sepa todo el suceso y no nos eche la culpa.

ESCENA XI

D. JUAN DE ÓRBIGO

¿Qué viene a ser esto? ¿Qué ha habido aquí? Agustín, ¿no respondes? ¿Todo se te va en llorar?

RAMÓN

Señor D. Juan, usted ha de perdonar porque nosotros no hemos tenido la culpa de esta reyerta. Su hijo de usted desde que entramos empezó a jugarnos morisquetas y…

D. JUAN

Sosiéguese usted, amiguito. Instruido estoy de todo, porque de este cuarto inmediato he oído los desmanes de Agustín, en los cuales es tanto menos excusable cuanto acababa de darme palabra de no cometerlos. Bien me había yo recelado de su malicia y por lo mismo le he regalado una espada, cuyos filos no harán que corra sangre.

(Ríense a carcajadas todos los chicos.)

RAMÓN

Pero, Sr. D. Juan, siempre habrá usted de perdonar la libertad con que le dije algunas expresiones duras.

D. JUAN

Antes bien, yo debo dar a usted por ello muchas gracias. Usted es un joven excelente, más acreedor, que no él, a ceñir una espada como distintivo de honor; y así, para testimonio de mi estimación y prenda de mi reconocimiento, quiero que usted reciba esta espada, en cuya empuñadura voy a hacer poner una hoja toledana.

RAMÓN

Señor, usted me honra demasiado y puede permitir que ya nos retiremos, pues nuestra compañía no ha de ser hoy muy agradable al Sr. D. Agustín.

D. JUAN

De ningún modo. Mi hijo no perturbará más vuestra diversión, y Susana se encargará de facilitaros todo cuanto gustéis. Entretanto, vengan ustedes a mi cuarto y tú, Agustín, quédate en el tuyo y celebra solo tus días, con la advertencia de que no has de ceñir espada hasta que la hayas merecido, aunque vivas más que Matusalén.

FIN

La Lealtad de Tenerife,

coloquio dramático

Hablan las personas siguientes:

Don Gregorio Samartín,[1] castellano del de San Cristóbal de Santa Cruz [SAMARTÍN][2]

Don José de Ayala,[3] corregidor y capitán a guerra de Tenerife [CORREGIDOR]

El coronel don Francisco de Ponte,[4] de la Orden de Santiago [PONTE]

---

[1] Gregorio Leandro de Samartín (San Martín o Santmartí) Cabrera, sargento mayor de Tenerife y gobernador del principal castillo de San Cristóbal, de procedencia catalana, que probó nobleza en 1706 en la Orden de Santiago. Vid. F. Fernández de Béthencourt, op. cit., t. I, p. 686 y L. Chaparro d'Acosta, *Heráldica de los apellidos canarios*, t. II, Las Palmas de Gran Canaria, Estudios Técnicos del Blasón, 1980, p. 183.

[2] Indicamos entre corchetes los nombres tal y como aparecen a continuación en el coloquio dramático.

[3] José Antonio de Ayala y Rojas, corregidor en sustitución del capitán general Agustín de Robles Lorenzana. Nacido en Toledo, en 1678, era nieto de Diego de Ayala y Rojas, conde de La Gomera. Vid. María del Carmen Irles Vicente, «Los corregidores de Tenerife y La Palma durante el siglo XVIII», *Anuario de Estudios Atlánticos*, nº 68, 2022, pp. 4-5.

[4] Francisco de Ponte Llarena Hoyo y Calderón, nacido en Garachico el 18 de septiembre de 1642, caballero de la Orden militar de Santiago, hermano de Pedro de Ponte, conde del Palmar (gobernador de Panamá entre 1681 y 1690 y capitán general de Canarias entre 1697 y 1700).

Don Alonso de Nava,[5] marqués de Villanueva del Prado,
de la de Calatrava [MARQUÉS]
Don Francisco de Alfaro,[6] coronel de la caballería [ALFARO]
Un oficial de la escuadra inglesa del almirante Jennings
[INGLÉS]
Oficialidad, soldados, milicias, marinería, música, etc.
[SOLDADOS]
La Lealtad, muy noble matrona [LEALTAD]

---

[5] Alonso de Nava y Grimón Alvarado Bracamonte, II marqués de Villanueva del Prado (La Laguna, 1655-La Orotava, 1715). En 1700 había
prestado juramento de fidelidad al rey Felipe V en la iglesia de Santo
Domingo de La Orotava ante el capitán general, conde del Palmar. Aunque sin llegar a edad provecta, ya retirado y con achaques, se puso, no
obstante, en la vanguardia de la defensa de Santa Cruz ante el ataque de
Jennings (F. Fernández de Béthencourt, op. cit., t. I, pp. 883-884). Viera,
en una amplia nota de su *Historia* (op. cit. t. III, p. 363, nota 66), destaca
los méritos y relaciones en la corte que tenía el marqués.

[6] Francisco Tomás de Franchi Alfaro y Valcárcel (1666-1727), coronel de caballería.

(Al tiempo que se deja ver la escuadra inglesa del almirante Jennings muy empavesada, estará el castillo de San Cristóbal, coronado de soldados y de artilleros, con algunas banderas desplegadas, y en medio de ellos el castellano Samartín, quien les dice:)

SAMARTÍN
Paisanos, alerta, alerta,
pues la numerosa escuadra
que desde ayer nos anuncian
fuegos, humos y atalayas,
dejando ya el horizonte,
puestas las proas a Anaga,
con traza amenazadora,
se dirige a nuestras playas.
Ingleses son y pretenden,
aliados de la Alemania,[7]
en favor del Archiduque,
sorprender la fe canaria.
Ingleses son que, fingiendo
usar de banderas blancas
con el dolo o con la fuerza,
a invadirnos se adelantan.
Ingleses son, guerra, guerra.
Contrarios son, arma, arma.

SOLDADOS
Ingleses son, guerra, guerra.
Contrarios son, arma, arma.
(Suenan cajas, pífanos, clarines, campanas, etc., y preséntase el corregidor.)

---

[7] Entiéndase, los austracistas, partidarios de que el archiduque Carlos de Austria sucediera a Carlos II en la Corona española.

CORREGIDOR
Generoso Samartín,
vedme aquí, no temáis nada,
que yo soy capitán de guerra,
y he de defender plaza.
Ausente el principal jefe,[8]
me toca a mí tal hazaña
o, más bien, a mí me toca
tener parte en la gallarda
resolución, con que admiro
correr esta comarca,
respirando ardor y celo,
a coronar las murallas.

---

[8] En su *Historia de Canarias,* Viera así lo indica: «José de Ayala y Rojas, que mandaba en esta ocasión las armas por ausencia del capitán general, don Agustín de Robles, quien se había embarcado con precipitación dos días antes a la Gran Canaria, para hacer personalmente la guerra a la Real Audiencia» (J. de Viera y Clavijo, *Historia de Canarias,* op. cit., t. III, pp. 363-364). En este período, en efecto, se producía un alto nivel de conflictividad entre el capitán general y la Audiencia (institución que se encontraba en Las Palmas), debido en otros factores al progresivo aforamiento de las milicias, en perjuicio del poder del alto tribunal: «La mecánica empleada por la Corte en Canarias, plaza fronteriza militar donde casi el total de la población estaba encuadrada en las milicias, consistió en expedir un número importante de disposiciones que ampliaban el número de milicianos aforados. A título de ejemplo, podemos destacar la propuesta del general Robles y Lorenzana (1705-1708) dirigida al Consejo de Guerra, solicitando ampliar el fuero a los oficiales de milicias de las compañías, y también la expedición de dos mil cédulas de fuero para beneficiar a los soldados milicianos» (D. Álamo Martell, «Los comandantes generales de Canarias y sus conflictos jurisdiccionales en el siglo XVIII», *Revista de la Inquisición (Intolerancia y derechos humanos),* vol. 18, 2014, pp. 120-121.

Desde que el rebato suena
en tambores y campanas;
desde que el sol anochece,
desde que despunta el alba,
¡con qué glorioso denuedo!,
¡con qué admirable constancia!,
no acuden nuestras milicias
adonde el honor las llama,
el valor, la fe, la gloria,
sus hogares, su monarca
y, marchando a la marina,
con vivo alborozo claman:

TODOS
Ingleses son, guerra, guerra.
Contrarios son, arma, arma.
(*Cajas, etc. y llegan los coroneles Ponte y Alfaro.*)

PONTE
Si un militar veterano
que en repetidas campañas
supo acreditar su celo
en Flandes y Lusitania,
si un hermano del ilustre
conde del Palmar[9] se halla
digno de que todavía
su sangre esmalte la patria,

---

[9] Se refiere a la participación, junto a su hermano, el conde del Palmar, en el tercio que se formó en Canarias de 1000 hombres, que se uniría al ejército de Extremadura, para ir a la guerra contra Portugal, en el proceso de independencia del país vecino. Luego, ambos hermanos sirvieron en Flandes, apoyando a las provincias Unidas de los Países Bajos contra Francia, en la guerra franco-holandesa.

aquí me tenéis dispuesto,
señor don José de Ayala,
a obedecer vuestras órdenes.

ALFARO
Y aquí está quien, sin tardanza,
en breves horas, viniendo
del Puerto de La Orotava,
al trueno de la noticia,
rayo partió, que no embargan
las lentitudes del tiempo
a un coronel de corazas.
Cuatro mil hombres resueltos[10]
llegaron ya, y aún se aguardan
los tercios que, en La Laguna,
con banderas desplegadas
de todas partes se juntan
y por todas partes claman:

TODOS
Ingleses son, guerra, guerra,
contrarios son, arma, arma.
(*Cajas, etc.*)

---

[10] «[…] desde la noche antecedente se había conmovido toda la isla con
un rebato general; y era tal el ardimiento de los pueblos, que amanecieron en
Santa Cruz más de 4000 hombres de los tercios circunvecinos, ansiosos del
combate. Ya había acudido armada toda la nobleza, y esto de tal modo que,
aunque el coronel de la caballería de la isla, don Francisco Tomás de Alfaro,
estaba en el puerto de La Orotava, distante 7 leguas de Santa Cruz, cuando
recibió la orden de marchar, "pudo tanto su celo en el servicio del rey, que
amaneció coronando el puerto con su gente […]"» (J. de Viera y Clavijo,
Historia de Canarias, op. cit., t. III, p. 363).

CORREGIDOR
En tal Alfaro, en tal Ponte…
y en vos, señor marqués de Nava
(*Déjase ver el marqués.*)
que, orlado de la nobleza,
llegáis con presteza tanta,
confieso que Tenerife
logra en sus almenas patrias
tres númenes tutelares
contra el golpe que le amaga.
Seáis bienvenido.

MARQUÉS
Y conmigo
toda la falange hidalga
de la florida nobleza
que distingue Nivaria.
Al punto que de enemigos
se divulga la asonada,
ninguno espera por orden,
nadie por caballo aguarda,
sino que todos endosan
el fusil, ciñen la espada
y, a pie, por agrios caminos,
hacen vuelo la que es marcha.
Aquí estamos, y bien presto
las riberas inmediatas
serán trincheras de isleños.
Ya se acercan los que el agua
de La Laguna de Aguere
beben, de ingenios Castalia,
los que exprimen en Taoro
el dulce néctar que embriaga,

los que en las faldas del Teide,
los que en las cumbres de Chasna
son atletas valerosos,
en fin, los que en Candelaria,
adorando al mejor numen,
invocan la mejor Palas,[11]
quienes a una voz repiten,
e incesantemente claman:

TODOS
Ingleses son, guerra, guerra.
Contrarios son, arma, arma.
(*Cajas, etc.*)

PONTE
No lo dudo y quizá piensan
que, así como allá en España
redujeron los galeones
de Vigo a voraces llamas,
como de Santa María[12]
la ciudad roban y ultrajan,
como a Gibraltar sorprenden,
a Barcelona avasallan,

---

[11] Sincretismos culturales entre el mundo grecorromano y el insular, tan del gusto neoclásico de Viera: la laguna de Aguere se identifica con la fuente Castalia, y la virgen de Candelaria con Palas Atenea, aguerrida defensora de la Nivaria triunfante.

[12] Jennings, efectivamente, bajo las órdenes del almirante George Rooke y el apoyo de la flota holandesa, participó en la batalla de Cádiz, saqueando el 19 de septiembre de 1702 el Puerto de Santa María y de Rota. Posteriormente intervino, también al mando de Rooke, en la batalla de Rande, en la ría de Vigo, el 23 de octubre de 1702, con objeto de destruir la flota hispanofrancesa.

y a Mallorca y a Menorca[13]
rinden sin gloria ni fama,
creen también que en esta isla
ha de ser fácil hazaña,
se olvide a Felipe quinto,
y se aclame a Carlos de Austria.
Pero mucho te equivocas,
¡oh británica arrogancia!,
si esperas que Tenerife
quebrante la fe jurada
a los augustos Borbones.

SAMARTÍN
Con efecto, casi al habla
están ya: ved cómo vienen
en gran línea de batalla;
ved cómo ya las banderas,
que eran francesas, las cambian
en pabellones azules,[14]
propios de la Gran Bretaña;
ved cómo todas maniobran

---

[13] La flota angloholandesa, comandada por el almirante Rooke y el príncipe Hesse-Darmstadt, tomó Gibraltar el 4 de agosto de 1704. Tras un intento fallido de desembarco en Barcelona el 27 de mayo de 1704, posteriormente, el 15 de septiembre de 1705, los aliados atacaron la ciudad condal, que capituló el 9 de octubre. La toma de Mallorca por parte de las tropas austracistas se produjo el 27 de septiembre de 1706 y la de Menorca el 11 de octubre de aquel mismo año.

[14] «Al rayar el alba del día 6, se reconoció que se acercaban al puerto de Santa Cruz; y, viendo que a las 8 de la mañana ponían banderas francesas, mudándolas poco después en inglesas de color azul, no quedó duda del designio con que el enemigo se avecindaba» (J. de Viera y Clavijo, *Historia de Canarias*, op. cit., t. III, p. 362).

y están zafando sus lanchas;
cómo para el desembarco
armas y gente preparan.

CORREGIDOR
Es verdad y, para que entiendan
que eso no nos acobarda,
rompa el silencio el castillo,
salúndenle nuestras balas…
Fuego… fuego… San Cristóbal…

TODOS
Fuego… fuego… alarma, alarma.
(*Dispara la artillería del castillo: suenan cajas, pífanos,
clarines, campanas, etc., y la escuadra inglesa corresponde
también con un fuego muy vivo, cuya contienda dura algunos minutos; hasta que esta echa al agua una lancha con
gente, mandada por un oficial, quien lleva bandera de paz
en la mano*).[15]

SAMARTÍN
Alto ya, que el enemigo,
a quien tanto descalabra
nuestra gruesa artillería,
suspendiendo sus andanas,
manda un esquife y tremola
bandera parlamentaria.

---

[15] «[…] a las tres de la tarde volvieron a enviar otra lancha a tierra
con bandera de paz y un cabo inglés, que pedía audiencia» (ibíd., p. 364).

CORREGIDOR
Así parece, y es justo,
que, atendiendo a la llamada,
sepamos lo que pretenden.

MARQUÉS
Y que, si su astucia trata
de seducirnos, conozcan
que ninguna fuerza humana
de Felipe el Animoso
podrá apartarnos el alma.
Conozcan que aquellas lises,
de su augusta real prosapia,
echaron en nuestros pechos
unas raíces tan altas,
que habrá de ser más posible
que el Teide al abismo caiga,
y se anegue Tenerife,
volviéndose a hacer Atlántida;[16]
que no falte ni un punto
a su amor, ni a su palabra.

PONTE
Pero ya llega a la orilla
el cabo con la embajada,
y es práctica de la guerra
que en iguales circunstancias
se le han de vendar los ojos[17]

---

[16] Viera concede carácter histórico al mito de la Atlántida en su *Historia de Canarias* (op. cit., t. I, p. 201) como origen del Archipiélago.

[17] «Saliole al encuentro el capitán de mar en otro esquife y, habiéndole vendado los ojos, le introdujo en el castillo principal, donde estaba el corregidor y la nobleza» (ibíd., t. III, p. 364).

para entrar en la explanada.
Vedlo ahí.

ALFARO
Y por honor suyo,
yo lo vendaré; una guardia
conmigo lo escoltará.
(*Al decir esto, llega a la puerta del castillo desembarcando
el oficial inglés; véndale el coronel Alfaro los ojos y con es-
colta de soldados isleños lo conduce a la presencia del corregidor y demás caballeros.*)

CORREGIDOR
Podéis hablar, todos callan.

INGLÉS
Jennings, nuestro almirante, a vos me envía,
oh valeroso jefe de esta tierra,
para significaros que en el día
no es contraria de España Inglaterra;[18]
que solo con la Francia es la porfía,
que contra los Borbones es la guerra
y que, para vengar nuestros pesares,
perseguimos su armada en estos mares.
    Añade que, por pura inadvertencia,
batieron nuestras naves vuestra plaza
pero que, reprimiendo la violencia,
mandó poner a los desmanes tasa
y que viniese yo a vuestra presencia
para que, sin recelo, ni amenaza,

---

[18] «Me alegraré poder servir a V., o a otro cualquiera de esa isla todo
cuanto fuere posible, pues estamos con estrecha amistad con los españoles» (ibíd.).

os cumplimente con la isleña tropa
y os dé gratas noticias de la Europa.
Que el católico rey Carlos tercero,[19]
del de Anjou vencedor en la campaña,
tiene ya sometido el reino entero
y arrojó a los franceses de la España.
En cuya consecuencia, placentero,
quiere sepáis que su bondad extraña
a cuantos reconocen sus piedades
empleos da, mercedes, dignidades.[20]
Nuestro almirante cree que esta comarca,
sin olvidar sus propios intereses,
no habrá de desdeñar tan gran monarca,
ni la antigua amistad de los ingleses,
pues no ignoráis que cuanto aquí se embarca,

---

[19] El archiduque Carlos es proclamado rey en Barcelona en 1705. Un año más tarde deja la ciudad condal y se produce su primera entrada el 2 de julio en Madrid, donde pasa a ser el nuevo monarca con el nombre de Carlos III, aunque a finales de ese mes debe abandonar la capital, con dirección a Valencia, por falta de apoyos. El duque de Anjou (Felipe V) vuelve a Madrid el 4 de octubre, con gran aclamación popular, un mes antes del ataque de Jennings a Tenerife.

[20] «No puedo dejar de asegurar a V., como S. M. católica el rey Carlos III, han tenido tantos sucesos sus armas este verano, que la mayor parte del reino y dominios de España están ahora debajo de su obediencia, y no hay duda que los franceses serán enteramente expulsados de España. Tengo orden de S. M. católica para asegurar a todos los españoles de todas partes de su protección, y que los que voluntariamente se sometieren a S. M. católica el rey Carlos serán continuados en sus empleos y puestos que ahora gozan» (J. de Viera y Clavijo, *Historia de Canarias*, op. cit., t. III, pp. 364-365).

vuestros vestidos, víveres y arneses,
vuestra prosperidad, comercio y gloria
de ellos depende, o dígalo la historia.[21]

CORREGIDOR
Con la mayor atención
he oído, noble oficial,
toda la arenga marcial
del almirante bretón,
y le diréis que la acción
en que él mismo me ha empeñado
ha sido el mejor recado
de nuestra correspondencia,
aunque en él fue inadvertencia
lo que ha sido en mí cuidado.
Le diréis, como es constante
en el canario recinto,
que nuestro Felipe quinto
reina glorioso y triunfante;
que su rival, al instante,
dejó a Madrid con despecho
y que el pueblo satisfecho
escoltó de corazones
al mejor de los Borbones,
que en ellos tiene el derecho.
Y que cuando así no fuera,

---

[21] Viera era consciente de la importancia de las relaciones comerciales de Canarias con los ingleses y que este acontecimiento bélico había supuesto un punto de inflexión en la economía insular, en gran parte dependiente de las exportaciones de vino a Inglaterra. Así lo señala en su *Historia*: «[…] retirándose igualmente con los ingleses el comercio de nuestros vinos, tan floreciente hasta aquella época y que después acá no ha podido convalecer ni levantarse de su baja fortuna» (ibíd., p. 366).

es Tenerife columna,
firme en cualquier fortuna,
al que proclamó y venera;
que hasta la sangre postrera,
en su guerra defensiva
derramará y expresiva
dirá al mundo a competencia
que reine su descendencia,
que Felipe quinto viva.

TODOS
Que reine su descendencia,
que Felipe quinto viva.
(*Cajas, etc. Conducido otra vez el oficial inglés a su lancha
en medio de esta repetición de vivas, vuelve el castillo a hacer salva de artillería, a la que corresponden las naves, y
poco a poco se retiran. Inmediatamente se deja ver en lo alto del castillo la Lealtad canaria en figura de una noble
matrona, trayendo algunas guirnaldas de laurel, quien dice
a los circundantes:*)

LEALTAD
Moradores felices
del fiel clima nivario,
tan rico en excelencias
como digno de aplausos,
página más gloriosa
ocupará en los fastos
la acción que en este día
os ha inmortalizado.
Soy la Lealtad isleña,
que vengo a coronaros
con los frescos laureles

de vuestro suelo patrio.
Cuando tantas provincias
del vasto imperio hispano,
sin borrasca tan fuerte,
débiles zozobraron,
yo estaba en vuestro pecho,
yo armaba vuestro brazo,
y fuisteis de Felipe inviolables vasallos.
    Por esto propiamente
seréis afortunados,
y de la Fe española
el primer meridiano.
Y cuando proclamareis
por vuestros soberanos
los reales descendientes
de este Borbón amado,
haréis grata memoria
de tan precioso rasgo,
y le diréis rendidos
a vuestro Carlos cuarto:
Tenerife, que ha sido
de lealtad fiel dechado,
como al padre y abuelo,
os jura fe y amor, glorioso Carlos.

(Al tiempo que pronuncia la Lealtad estas palabras, va ciñendo con los laureles las sienes de los interlocutores quienes, arrojándolos inmediatamente a los pies de los reales retratos,[22] repiten todos juntos:)

---

[22] Alude a los retratos de Carlos IV y María Luisa, encargados al pintor Félix Padrón (vid. Mª Gallardo Peña, art. cit. p. 283).

TODOS
Tenerife, que ha sido
de Lealtad fiel dechado,
como al padre y al abuelo,
os jura fe y amor, glorioso Carlos.
(Suena melodía de instrumentos, y repite la música.)

TODOS
Tenerife, que ha sido
de Lealtad fiel dechado,
como al padre y al abuelo,
os jura fe y amor, glorioso Carlos.
Y la adorada Luisa,
flor de estos mismos ramos,[23]
reine en todo su imperio,
como reina en los ánimos canarios.

FIN

---

[23] Como es sabido, la reina consorte María Luisa de Parma (1751-1819), casada con Carlos IV (1748-1819), era prima carnal de este, ya que su padre Felipe I de Parma era hijo de Felipe V y hermano de Carlos III.

Índice onomástico